本书系上海市教育科学研究课题
"小学低年段创智作业设计和实施的研究"
（课题编号：C18049）之研究成果

马燕婷　胡靓瑛 等 ——————　著

核心素养导向的
作业设计

核心素养导向的课堂教学丛书

杨四耕主编

华东师范大学出版社

·上海·

图书在版编目(CIP)数据

核心素养导向的作业设计/马燕婷等著.—上海:华东师范大学出版社,2021
(核心素养导向的课堂教学丛书)
ISBN 978 - 7 - 5760 - 1609 - 3

Ⅰ.①核… Ⅱ.①马… Ⅲ.①学生作业-教学设计-小学 Ⅳ.①G622.46

中国版本图书馆 CIP 数据核字(2021)第 068781 号

核心素养导向的课堂教学丛书
核心素养导向的作业设计

丛书主编　杨四耕
著　者　马燕婷　胡靓瑛　等
责任编辑　刘　佳
项目编辑　林青荻
特约审读　潘　宁　何巧涓
责任校对　陈梦雅　时东明
装帧设计　卢晓红

出版发行　华东师范大学出版社
社　　址　上海市中山北路 3663 号　邮编 200062
网　　址　www.ecnupress.com.cn
电　　话　021 - 60821666　行政传真 021 - 62572105
客服电话　021 - 62865537　门市(邮购)电话 021 - 62869887
地　　址　上海市中山北路 3663 号华东师范大学校内先锋路口
网　　店　http://hdsdcbs.tmall.com

印 刷 者　杭州日报报业集团盛元印务有限公司
开　　本　787 毫米×1092 毫米　1/16
印　　张　12.75
字　　数　200 千字
版　　次　2021 年 8 月第 1 版
印　　次　2024 年 2 月第 19 次
书　　号　ISBN 978 - 7 - 5760 - 1609 - 3
定　　价　40.00 元

出 版 人　王　焰

(如发现本版图书有印订质量问题,请寄回本社客服中心调换或电话 021 - 62865537 联系)

编委会

洞见改革

回望轰轰烈烈的课堂教学改革,我们依然可以欢呼,仍然可以雀跃,但我们更需要理性的回望和深刻的反思。

不是么?我们的课堂教学改革虽然取得了卓著的成效,但也出现了不少观念的误识和实践的误区。我们能否真正面对与合理消解这些问题,将直接影响课堂教学改革的纵深推进。

维特根斯坦指出:"洞见或透识隐藏于深处的棘手问题是艰难的,因为如果只是把握这一棘手问题的表层,它就会维持原状,仍然得不到解决。因此,必须把它'连根拔起',使它彻底地暴露出来;这就要求我们开始以一种新的方式来思考。这一变化具有着决定意义,……难以确立的正是这种新的思维方式。一旦新的思维方式得以确立,旧的问题就会消失;实际上人们很难再意识到这些旧的问题。因为这些问题是与我们的表达方式相伴随的,一旦我们用一种新的形式来表达自己的观点,旧的问题就会连同旧的语言外套一起被抛弃。"面对核心素养时代,我们的课堂教学改革有必要确立新的思维方式,并借此洞悉困扰我们的"棘手问题"。

改革不是一种风潮,而是一种使命。当下,跟风式改革仍然盛行,如深度学习、项目学习、STEAM……见样学样,不停跟风,显现出一派繁荣景象。不少所谓的教学改革只是在形式上做文章,有教条主义的嫌疑;不少课堂深陷应试泥潭,既不教人文,亦无关精神,甚至连知识也谈不上,而是"扎扎实实"地搞成了教考,把考试当作课堂教学改革的使命。教育改革的真正使命是什么?我们应秉持怎样的立场推进课堂教学改革?2014 年,教育部颁布《关于全面深化课程改革 落实立德树人根本任务的意见》。这份文件指出:立德树人是课程改革的根本任务,核心素养培育是课程改革的核心价值。这便是我们的使命。使命需要执著,执著就是美德。细细品味维特根斯坦的这句话也许会有所助益:"当一切有意义的科学问题已被回答的时候,人生的诸问题仍然完全未被触及。"课堂教学改革的全部使命便是触及人生问题并给予某种实质性的回答,从而使"立德树人"落到实处。

改革不是一个口号,而是一种立场。层出不穷的口号、花样频出的概念,已然是当下学校变革的常态。不少学校把玩弄概念作为改革,把提口号当成改革,以学定教、先学后教、翻转课堂……热词涌起,名句不断。当我们把改革看成一个概念、一个口号的时候,我们已经远离了改革。改革是一种立场,一种有思考的尝试,一种为着根的事业而不断探索的精神。维特根斯坦说:"一种表述只有在生活之流中才有意义。"可以说,如果我们能把自己的立场安放在特定的概念或口号里,秉持有立场的变革,那将是对维特根斯坦的一种慰藉。

改革不是一张蓝图,而是一种责任。加拿大学者迈克尔·富兰说:"变革是一项旅程,而不是一张蓝图。"毫无疑问,改革需要蓝图,需要理性设计,但蓝图不是改革本身。奥托·魏宁格有一句令人心动的话:"逻辑与伦理在本质上是相同的。它们不是别的,而正是对自我的责任。"改革是一种责任,是一种对未来负责的精神。联合国教科文组织提出了 21 世纪教育的四大支柱:学会认知、学会做事、学会共处、学会生存。其中,学会认知是步入未来社会的通行证:观察、阅读、倾听、书写、交流、多样化表达、分析、综合、推理……学会做事是适应知识经济时代的必然选择:专注、善于发现问题、善于尝试、目标准确、身体力行、全力以赴、勇于面对现实、直面困难、不惧失败……学会共处是顺应全球化时代的需要:人际感受能力、人际理解力、人际想象力、风度与表达力、合作能力与协调能力、决策能力、沟通能力;懂得尊重、善于理解、换位思考、勇于担当、积极配合;而学会生存则是对做人品质的完善:适应能力、交往能力、管理能力、动手能力、创新能力、竞争能力;促进自我实现、丰富人格特质、担当与责任承诺、接受改变、适应改变、积极改变、引导改变……应该说,这些都是核心素养时代课堂教学改革的责任。

改革不是一场革命,而是一种态度。我们为什么需要改革?是因为有糟糕的现实摆在眼前,我们必须清除它。我们如何改革?通过雷厉风行的方式彻底改革吗?我们知道,对于理想化的东西,改革者很容易接受,并习惯于用理想的丰满来衡量现实的骨感,用理想的光滑来评判现实的粗糙。在理想观照下,现实是一无是处的,是必须摈弃的。正是基于这种认识,改革者很容易接受这样的观点:通过暴风骤雨式的"革命"来实现美好的改革目标。著名教学论专家王策三先生指出：任何教学改革都不是"一蹴而就的，也不是几年、十几年、几十年短期实现的，更不是以'革命'方式达成的"。改革是一种态度，一种持续改变现状的态度，一种朝向美好的态度，一种渐进探索的态度。

改革不是一个事件，而是一项旅程。吉纳·霍尔认为，变革的首要原则是把变革看作"是一个过程，而不是一次事件"。当我们把改革看成是一个事件，这意味着，改革可以在短期内取得成功；如此，改革尚未真正推进，我们便急着推出新的改革。面对一系列的政策性号召与行政命令，一些地方与学校常常是积极参与，往往在短时间内就会涌现出大量的改革成果，不少地方和学校还会举办各种各样的经验交流会。然而，在热闹的背后，却存在着虚假的繁荣：应付改革，鲁莽冒进现象时有发生。改革其实是一项旅程，一项迈向合理性的旅程，一项不断面对问题、思考问题、解决问题的旅程。课堂教学改革无法速成，只能渐进摸索；课堂教学改革也无法一次性完成，它永远在路上。

改革不是一条直线，而是一种智慧。对改革的简单化认识，缺少对改革形态丰富性、过程复杂性的理解，会让改革陷入迷茫。吉纳·霍尔说："变革，不是某位领导发表一次演讲，或在 8 月份为教师举行两天短期培训，或向学校提供新课程或新技术，就能一蹴而就、获得成功的。相反，变革是一个过程，在这个过程中，个人、组织机构逐渐理解了新事物、新方法，并且在运用它们时愈益熟练和有技巧。"无数经验证明，课堂教学改革是一个逐步推进的过程，而不是一条直线，其中往往包含着复杂性、随机性和偶然性，它需要理性和智慧。对此，迈克尔·富兰说：变革"好比一次有计划的旅程，和一伙叛变的水手在一只漏水的船上，驶进了没有海图的水域"。可见，课堂教学改革不是"种豆得豆、种瓜得瓜"的简单逻辑，而是一个多因子、多变量、多可能的复杂交织过程。没有"直接拿来"的理论与模式可以套用，改革需要我们自己的原创理论和实践智慧。

改革不是一个目的，而是一种创造。把改革作为目的，为改革而改革，这不是我们的应然取向。有人说："未来不是我们要去的地方，而是我们要创造的地方。"课堂教学改革，可以是突破陈规、大胆探索的思想观念，也可以是自强不息、锐意进取的精神状态，还可以是奋勇争先、不甘落后的使命感。华罗庚说："如果没有独创精神，不去探索更新的道路，只是跟着别人的脚印走路，也总会落后别人一步;要想赶过别人,非有独创精力不可。"我们今天创造怎样的课堂,就意味着我们在培育怎样的未来。当我们创造知识型课堂的时候,我们就是在塑造复制与服从的未来;当我们创造素养型课堂的时候,我们就是在选择美好与灿烂的生活。教育的价值在于生命意义的提升,在于学习价值的锤炼,而不在于知识的牢固掌握和大量累积。雨果说:"已经创造出来的东西比起有待创造的东西来说,是微不足道的。"的确,有待创造的东西只能靠学生在生命化实践和实际生活中去创造。因此,在某种意义上,改革不是一个固定目标,而是一个创造,一个基于实验的生命创造和素养提升过程。

改革不是一种形式,而是一种深度。虽然改革之声不断,但我们的课堂教学改革总体上并无实质性进展,"素质教育轰轰烈烈,应试教育扎扎实实"仍然是中小学课堂教学的主流表现。围绕着教材,问题学习、项目学习、单元教学、作业设计、听评课……都被冠以改革之名。联合国教科文组织在《学会生存》这一报告中曾警告说:"教育具有开发创造精神和窒息创造精神这样双重的力量。"大量事实表明,以反复操练为表征的知识教育严重地窒息着年轻一代的创造精神,阻碍着社会进步。教育的核心价值不应该只是盯着知识,而应在于培养有智慧的人。唯有培养有智慧的人,我们才能足以应对不断变化的社会。二百多年前,德国就有如此教育宣言:"教育的目的,不是培养人们适应传统的世界,不是着眼于实用性的知识和技能,而要去唤醒学生的力量,培养他们自我学习的主动性、抽象的归纳力和理解力,以便使他们在目前无法预料的种种未来局势中,自我做出有意义的选择。"当前,课堂教学改革最重要的一步,就是要从知识至上的泥潭中跳出来,义无反顾地迈向关注生长的素养时代。

总之,改革不是自负的概念翻新与宣示,而是崭新观念的建构与实践。面对核心素养时代,我们应少些"看客",多些"创客",不断洞悉隐藏于深处的棘手问题,在不断追问中创造属于我们自己的精神世界。这或许就是"核心素养导向的课堂教学丛书"之初衷。

杨四耕

2019 年 6 月 9 日于上海市教育科学研究院

序一

在深化课程改革、践行"面向人人""适合人人"的教育教学过程中,作业改革的攻坚战也鏖战犹酣。作业,如何顺应课程改革的要求?如何服务核心素养的培育?如何回应社会对教育的关切?自 2009 年上海市教委教研室"提升中小学作业设计与实施品质"项目推进以来,上海市杨浦小学分校集聚全校之力,积极行动,切实而有效地深耕至今,《核心素养导向的作业设计》一书即为该校实践的有力表达之一。

杨浦小学分校的《核心素养导向的作业设计》所体现的参阅价值和行动意义,似可从三个侧面一窥:

一是学校课程领导力。在学校内涵发展和特色建设规划设计的关节点,该校选择"三学科作业黑箱"作为突破口,力图以此"一发之牵",驱动全校教师"课程观—教材观/教学观—学生观"的全身而动而进,倒逼学校校本化实施课程的品质提升;作为一所俗称"薄弱生源"的学校,进行既基于课标又基于学情的作业设计,其挑战难度之高,亦反衬出学校课程领导力的强度。

二是教师作业创新设计力。本书的 14 个篇章,分别叙写了 14 个作业子课题研究成果。它以课程论、教学论、心理学等为理论支撑,以国家课程标准和本校"成长性课程"理念为实践依据,以作业的智育美育特征、内容掌握特质、活动操作特性以及学习主体心理、素养目标因子等为习题要素,设计了涵括课内与课外、自助与合作、单元与课时、创智与创新、生活与表达、想象与探究、制作与体验等多维度的作业类型。从老师作者们聚焦、调研、解析、编制、拟写、试作、反馈、调节、总结——这一揽子"成如容易却艰辛"的研发历练中,亦能观照感应到他们所走过的专业成长和职业幸福的生长历程。

三是开展校本研究的行动力。校本研究之难点,在于教师的工研矛盾与研究素养;本书呈现的校本教研历程和成果,以其相当程度的群体参与性、丰赡多元性、真切可感性、可移用借鉴性,从特定角度表明,成功、有效的校本教学研究可以是这样的——以选题的攻坚克难为创新抓手,以同侪的跨学科协同为学术组织,以课业的学习情状为成效标志,以教师的本岗任务为研发平台。

感谢杨浦小学分校通过此书所呈现的作业研究成果、资源,所分享的专业成长体验、感悟。在作业问题容易引发社会舆情的当下,一所学校通过专业努力所创造的作业问题解决的经验和成果非常值得大家关注和借鉴。衷心希望在为党育人、为国育才的教育新征程上,杨浦小学分校的同道者们砥砺不已,携手精进。

尹后庆

2020 年 11 月 22 日

序二

作业的价值毋庸置疑。当今学生的业余时间几乎都被作业所占据,作业不仅关系着课程改革的成败,而且关系着学生课业负担和学生未来的成长,乃至整个民族的未来希望。

研究表明,作业难度大小、作业量多少、作业类型是否丰富等方面的情况,与学生学业成绩存在较为显著的相关。因此,从提升整个作业效果的角度来看,丰富作业类型是一个关键要素,而且作业类型对于学生的作业兴趣有着明显的影响作用。

《核心素养导向的作业设计》这本书,秉承"轻负担——多功能——活动化——成长性"的愿景,结合学校实践研究,为小学低年段的学生提供了单元类作业、合作类作业、体验式作业、自主式作业、创智类作业、主题类作业、游戏式作业、表达类作业、制作类作业、非正式作业、跨学科作业、探究类作业、专题类作业、想象类作业等14种作业类型的理念、设计方法与实施建议,不仅有理念,而且有实践,有操作建议,读来令人耳目一新,具有较强的实践借鉴意义。

一是丰富的作业类型更加有助于实现因材施教。 孩子的认知风格、智能倾向是有差异的。不同类型的作业的确具有不一样的价值。丰富作业的类型有助于发挥不同学生的特长,让他们在作业过程中寻找到价值感和存在感。比如,擅长动手的孩子可以在制作类作业中获得成就感;擅长与人交往的孩子,可以在合作类作业中体验快乐;擅长逻辑思维的孩子,可能会在探究类作业中收获成功……对于小学低年段的孩子来说,合作类作业、游戏类作业、制作类作业、想象类作业等作业类型都是让孩子非常喜欢的,同时也超越了作业仅仅是巩固知识技能的目标,能够让学生在这样的作业过程中培养兴趣、养成习惯、增强实践、获得体验、发展素养等。

二是注重作业与学生展示表现相结合。 作业设计质量高是实现良好作业效果的前提，但是仅仅有好的设计，没有好的实施，效果也依然无法实现。教师在日常作业中要关注学生作业结果的诊断反馈、交流展示。比如书中讲到在英语作业中，不少女孩子拍摄跳舞的视频和唱歌的照片，男孩子们拍摄跳绳视频、穿着轮滑鞋的视频，并用英语大声地表达："I can skip/skate. I'm super!"等，在"作业秀"中让一些腼腆的孩子获得自信与价值感。这其实也是作业激发学生学习兴趣非常关键的措施之一。

三是关注了跨学科作业。 跨学科是我国课程体系中值得探索的一类课程设计与实施形态。跨学科并不是简单的几门学科知识的累加，而是更多地引导教师要从学科视角转向生活视角，即引导儿童通过生活中发现的现象、问题，尝试综合运用各种知识、思维方式解决问题。这样的作业设计其实也需要我们的教师走出学科的藩篱，打破学科的界限，真正从一个"完满的人"的角度去思考作业的内容和实施方式！

希望本书的研究成果能够对小学低年段的作业带来启示、激发灵感，让我们的学生在真正有价值有意义的作业任务中健康成长！

上海市教委教研室 　王月芬

2020 年 12 月

目录

第一章　单元类作业：引导孩子系统地学习　/ 1

　　单元类作业是以单元为基本单位进行整体规划、设计、执行和评价的所有作业的集合。单元类作业设计遵循一致性、统整性、多样性和差异性原则，具有"高结构""强关联"和"共成长"的特质。孩子在完成单元类作业的过程中，突破了传统作业固化的框架体系和碎片化的学习模式，以统整而非叠加的系统学习方式拓展原有知识框架，发展思维品质，完善情感价值，形成核心素养。

第二章 合作类作业：引导儿童学会合作 / 17

儿童的学习是社会建构，它是在与家长、教师和同伴的相互作用过程中建构的。合作类作业是与他人共同完成的，在完成任务的过程中，可能会产生不同的意见，孩子们不仅要完成作业，更要学会交流、学会接纳、学会宽容。设计合作类作业，宜寓教于乐，乐中求教，激活思维，开启智慧，展示才华，发展个性。

第三章 体验式作业：带领儿童学会体验 / 25

体验式作业是引领儿童亲身经历知识的发现与建构过程、切身感受学习内容的趣味与价值。注重儿童"习得过程"中的知情意行同步协调发展，着眼于作业情境活动对儿童个体的潜能唤醒和情感浸润，体现出学习者沉浸式的作业特征。以"情境中的学习活动"为作业载体，发掘、拆分"体验"要素，创设真实或虚拟的体验情境，设置既以儿童学习兴趣为基础又利于儿童认知与情绪交互作用的作业，促进儿童体悟学习。

第四章　自主式作业：提升儿童自我效能感

自主式作业是儿童依照教师设计的作业范围,根据自己的兴趣爱好、认知风格和学习水平,自主选择作业内容、作业完成形式;同时儿童根据作业要求,自主管理作业完成过程。自主式作业设计时,教师通过创设与儿童已有知识经验相适应的问题,引起儿童的认知冲突,引导儿童积极探索、大胆实践,激发儿童求知欲。在儿童完成自主式作业的过程中,教师还需适时引导儿童生成意义、建构知识。

第五章　创智类作业：提升孩子综合能力

孩子综合能力的提升是在内化知识、自主探究、解决问题的过程中逐步形成的。创智类作业把孩子看做发展中的人,注重孩子内化理性知识为综合能力。设计创智类作业以孩子转识成智为主线、以师生交流互动为主体,使得孩子的思维递进可视化成为现实。

第六章　主题类作业：引导儿童学会创新　

随着时代的变迁与社会的进步，人们越来越注重对个人核心素养的塑造与追求。主题类作业聚焦核心素养，与儿童的生活实际紧密相关，更能体现探究性、实践性和创新性等价值追求。教师围绕某一主题设计、布置主题类作业，可以使儿童通过观察、体验、合作、探究等途径在生活化的情境中学会知识、提升能力，不断积蓄成长的力量。

第七章　游戏式作业：让作业充满无限趣味　

作业是一种生活、是一种情趣，而不是千篇一律的重复。游戏式作业是以游戏为载体统筹设计的作业类型。它具有趣味性、规则性、情感性和丰富性。儿童是游戏者，设计游戏式作业需要考虑儿童的心理特点，联系儿童已有生活经验及知识储备，依托学习工具，激活游戏形式，让学习者饱含激情地参与知识探究的过程。

第八章 表达类作业：展示多元自我

表达类作业旨在立足自主发展视角，引导儿童在课内学习实践、场景体验等学习活动后，用语言或非语言形式表达对所学内容的理解。它关注儿童表达中的个性特点呈现、情感体验释放以及其心理机制诠释，激发儿童内源性学习动力，帮助他们更好地发现自我、接纳自我和展示多元自我。

第九章 制作类作业：手脑联盟的创意行动

陶行知先生曾说："中国教育革命的对策是使手脑联盟，结果是手与脑的力量都可以大到不可思议。"手脑并用的制作类作业便是基于这样的思考应运而生的。制作类作业作为小学低年段课后作业类型中的一种，不仅可以帮助孩子们将课堂上学到的知识，通过手工制作的方法加以巩固，而且还可以锻炼孩子们的精细动作能力。孩子在制作时，能培养他们的专注力和创造能力，充分发挥想象力和思考能力。手脑并用的手工制作类作业符合小学低年段儿童的身心发展需求。

第十章 非正式作业：以追求自我学习为向度

学习无处不在，生活中随时随处都能发生。但是儿童从 6 至 7 岁进入正式学习时期起，非正式学习的时间、空间就相对有限。规划好某一阶段的非正式学习需要教师的正确引导、合理安排以及精妙设计，促使儿童发生非正式学习行为，从而获得积极的情感态度和价值观，最终形成独立性格。

第十一章 跨学科作业：培养人的全面能力

跨学科作业以一个学科为中心，多门学科融会贯通、交叉渗透进行综合化的设计、实践与评价以提升学生解决问题的能力。相较于传统的专科作业，跨学科作业有利于拓展儿童的认知视野，淡化学科界限，有利于儿童灵活运用知识，解决实际生活问题，指向于儿童多元智能发展，从而为人的全面而可持续的发展奠定基础。

第十二章　探究类作业：引导儿童提升思维品质　

探究类作业是以儿童作为活动的主体，立足于儿童的学，通过探索研究习得知识，获得经验，形成创新力。探究类作业根据教学内容和儿童特点，把儿童生活中遇到的问题转变成为学习上的问题，它花样繁多，可以充分发挥儿童思维的发散性和创新性，推进儿童在科学素养、创造力、实施力等方面的发展。

第十三章　专题类作业：融合于生活的作业　

专题类作业是德育实践活动的一个组成部分。专题类作业的设计关注儿童社会性发展需求，根据不同年龄儿童的身心发展规律、个性差异和接受能力，在家庭、社区等场所组织和开展实践活动。力求让儿童在实践中体验、在体验中成长，唤起心中道德意识，继而转化为道德行为。

第十四章　想象类作业：挖掘儿童的创作潜能　

想象类作业是以想象力和创造力为设计依据，蕴含了儿童的审美、情感、个性、价值观等诸多元素，可以充分反映教学的效果，是提升课程意义的重要内容。想象类作业可以引导儿童开阔思维、创新创造，在奇思妙想中展现自我，挖掘儿童的创作潜能，促进儿童的全面发展，促使儿童核心素养的培养。

引言

打开作业的"黑箱"

上海市杨浦小学分校创办于 1961 年,原名长阳路第五小学。2005 年 4 月,学校加入杨浦小学教育集团,更名为杨浦小学分校。作为区域内一所新优质学校,学校面对的生源较兄弟学校属于后段。随着市、区"基于课程标准的教学与评价"工作不断推进,学校意图在切实减轻孩子学业负担的前提下,以优化作业来巩固和延伸课堂学习,弥补孩子的学习经历和家庭教育的缺失。自 2013 年 1 月起,在学校主题化教研的拓展中,语、数、英学科分别对作业模式展开积极探索。2016 年 4 月,学校确定了"'创智课堂'视域下的校本低年级作业设计实践与研究"项目研究主题,并将这一项目的实施纳入学校"成长性课程"的重要组成部分。

一、研究背景与焦点

作业,是孩子每天经历的再平常不过的学习任务。"作"是创作,有"鼓励和进行"的意思;"业"即篇卷,也是一种工作或学习的过程。所以,作业是一种有目的、有指导、有组织的学习活动,它本身就是一种创造性的学习过程。国内学者认为,对作业的考量,需将其置于课程的视域,它可以指孩子在校内外所做的各种课程。优质的作业不仅帮助孩子巩固所学,还促使孩子将作业情境中所习得的经验迁移到社会情境中,同步发展学习习惯和良好品格的养成。教师可通过在作业中发现的问题,诊断和改进教学;家庭和社会可通过作业这个窗口来反观教育导向和质量。

作为课程改革的关键领域,作业链接"教学"与"评价"。随着基础教育对新课改要求的逐步落实,学校建设新课堂文化,教师更多关注孩子核心素养的发展,"课堂破冰"正在进行时。然而,"教学五环节"之一的"作业"尚未能赶上课改步伐:在学界层面,亟需深入且具有说服力的作业理论;在教师层面,所设计的"机械性"作业过多,布置作业常会信手拈来,在作业完成时间、作业量上缺乏科学性;在孩子层面,作业成为厌学理由和思维扼杀的一根稻草。"作业问题一直处于教育研究和教育实践的盲区,作业问题已经成为深化课程改革的瓶颈与关键"①。我校孩子在入学前多为"零"起点学习经历,课后缺乏亲子间的课业交流与文化互动,而教师一直以来疏于对孩子作业的分析与研究,导致布置的作业不能满足孩子即时的学习与延时的生长需求;面对作业的种种痼疾,我校一线教师梳理现有学科作业设计的经验和理论,着眼改进作业观,尝试依凭课题平台对作业改革开展思考与实践。怎样的作业是优质的、高效的,且利于孩子终身发展的?《基础教育课程改革纲要》提出了新的作业观,指出在作业功能上,应强调形成性和发展性;在作业内容上,应突出开放性和探究性;在作业形式上,应体现新颖性和多样性;在作业容量上,应考虑量力性和差异性;在作业评判上,应重视过程性和激励性。可见,对作业的实践和研究大有学问,小学作业在内容、方式、评价上的不同,带给孩子的学习感受、学习成效也大有不同。

上海市教委在中小学 2008 年度课程计划中提出并实施:"各中小学要严格控制学生的作业量,减轻学生过重的课业负担,要在各学科综合平衡后布置课外作业。小学一、二年级不留书面家庭作业。"作业是"减负增效"的焦点之一,因此,对作业的改变迫在眉睫,这对作业开发者的素养提出了不小的要求:需吃透教材内容、解释课程标准基本内容与要求;需把握作业的本质与核心,对作业具有更广义化的内涵理解;要切实本着学生立场,以一些新的设计视角和思路开发优质、高效、令学生和家长喜闻乐见的作业。

本书作为学校作业设计实践与研究成果之一,呈现多种样式的小学低年段作业设计,体现学校多门学科教师对作业设计的探索,是对一线教师综合课程实施、资源开发、教学评价及教学环境等诸多教育要素进行的融求知、实践、创造为一体的校本化作业研究总结。本研究围绕作业的"轻负担——多功能——活动化——

---

① 尹后庆.30000 份数据:打开作研究与实践的"黑箱"[J].中小学管理.2015(01):37.

成长性"愿景,选点低年段,探索以儿童为中心的成长性课程学习,教师团队勾连课程标准、教学内容、作业设计的网络式衔接;甄选、整合各类课程资源,开发适合年龄段孩子开放性的作业类型及功能,力求使作业成为孩子自我检测、评价和总结的学习资源,以期让作业丰富学生对学习生涯、对自然与社会、对自我和书本的兴趣和经验。

二、研究历程与内容

作为本校"成长性课程"的重要组成部分,学校以"校本低年级作业设计实践与研究"为主题开展研究,共经历了调研与初探、设计与开发,实施与优化三个主要阶段:

(一)研究初期,调研与初探

研究初期,学校围绕"作业",对全体教师开展关于"作业设计的思路考量"的初态调研,试图寻找真问题。根据初态调研数据分析报告,发现在设计学生作业时,教师更多的是依据个体自身的经验,较缺乏对课程标准的理解与梳理,教师对学生学情的忽视也是不小的问题。学校还利用家长问卷、学生座谈等调查方式,对学情进行数据化分析,就学生、家长对作业的布置和完成情况,以及对学校课程的内容与实施进行调研评价。找到研究起点后,教师们开启了"作业改革"的发展道路。通过广泛阅读国内外的"作业"实例,教师固有的作业观念受到冲击;通过对照,充分体会到传统作业的局限和弊端,确立了作业研究的行动,以提升儿童的"学会学习"素养,促进儿童的主动成长和终身发展为目标。

结合问题,教师首先以课程标准为主轴,制定作业设计框架,形成作业模式,进行了指向作业文本的课程文本创建。作业运作形成是一个严整有机的教学结构。语文、数学、英语三门学科在常态作业设计的基础上,基于课程标准,对学科内容进行有深度的理解、分析和整合,形成了"7 + 2 + 1"的作业模式,以"巩固 + 提高 + 探究"的不同维度将作业进行结构化处理和优化。英语学科梳理各单元的学习目标与要求,并根据不同学习水平分类,设计符合识记、理解、运用及综合运用的相关活动练习,形成一年级 12 个单元的主题作业文本设计;语文学科应对"低年段教材调整、集中学习拼音"的变化,基于课程标准,设计了"快乐游戏""巧手制作""角色扮演""生活体验"4大类活动作业的课程文本设计;数学学科基于学习目标,梳理一年级知识点,从目标设定、工具使用、游戏过程和方法、游戏评价等维度设计了26个游戏类作业课程文本。指向作业文本的课程文本创建,为教师在各类作业设计时提供依据,为孩子能在减轻学业负担的前提下,弥补学习经历的缺失,激发一定的学习兴趣。两年多的实践,孩子对作业的态度悄然转变,对作业完成的主动性明显提高。而教师也敏锐地意识到,作业设计仍有很大的提升空间。

(二) 研究中期,设计与开发

研究中期,教师团队通过课堂和课后作业活动的实施,进一步验证作业文本的可行性与有效性。英语学科对照教学基本要求再次梳理知识点,整体设计单元主题、语言内容和学习活动,重点聚焦情境中的语言任务活动设计,凸显作业中语言的交际功能;语文学科融通课堂游戏和课后游戏作业活动,通过评价促进作业目标的达成;数学学科在教学活动基础上,修改作业中的游戏目标,使之与课程目标相匹配,同时调整作业游戏方案,使之更易于孩子理解,便于作业的实施操作。随着作业研究在课堂中、课堂后的进一步深化,教师在过程中开发和积累了配套作业资源:英语学科开发了不同主题的作业资源包和故事绘本,支持情境性的语言学习;语文组设计了"小溪流百变魔色"以及相应的游戏指导手册、游戏视频等学习工具,辅助低年级拼音学习;数学组制作了学习工具"创意数牌",配以作业(练习)操作的微课视频。这些课程资源的开发,为教师预设并积累多样化的作业情境,为孩子提供可视化、可选择、可互动的学习平台。孩子通过作业中的多种体验,能增强知识的储备,获得能力的迁移和情感的发展。作业的变革,正成为孩子"学会学习"素养发展的支点。

(三) 研究后期,实施与优化

课程文本创建是否有效、如何优化,需要课堂和课后活动检验和印证。为把握校本化作业活动的可实施性及学习资源的可操作性,从英语项目组研究起步,语、数、英各学科教师进行区、校公开教学研讨8课时,进行项目组教师课堂实践50多课时。英语组多次在区域进行公开课教学展示研究,验证作业有效性。对照学科教学基本要求再次梳理知识点；整体设计单元主题、语言内容、学习活动及作业；思考如何在语言情境中运用词汇，以活动形式完成交际任务。语文组通过课堂游戏实践，来验证"悄悄话、轻轻传"的活动类作业的有效性。数学组组织孩子观看微课视频，在教学活动基础上，集体修改游戏目标，使之与课程目标相匹配；调整游戏方案，使之更加简练、合理，便于操作。通过各学科的课堂检验，缜密地探讨基于目标的主题单元作业设计在课堂教学落实的有效性。

三、好作业的诞生

怎样的作业设计既基于课程标准，又能呈现严整有机的教学结构？怎样的作业设计既是孩子喜闻乐见的形式，又不失活泼有趣灵动，能使学习主体在体验中学会学习并获得知情意行的协调发展？请走进各学科作业变革的故事，感受作业设计所传递的教师专业成长吧。

（一）好作业是"秀"出来的！

英语学科教师们认识到："运用"是培育学科核心素养的最佳方式。英语团队从"运用"活动作业讨论到的文本设计出发，设置 1A Module2 Unit1 My ability 单元任务型作业：

师：同学们，下课啦。今天的学习是不是意犹未尽啊？好，那就请同学们在课后选择一种喜欢的方式（绘画、拍照、拍摄视频等），用 I'm... I can... I'm super!（我是……我会……我很棒！）介绍自己会做的事。看看哪些同学最有创意、最会表现！

作业后的交流开始啦！孩子在课堂中的语言活动延续至课后作业的精彩表达：不少女孩子拍摄了跳舞的视频和唱歌的照片，随着优美的乐曲，孩子们婉婉道来："I can dance/sing. I'm super!"男孩子们有的拍摄跳绳视频，有的穿着轮滑鞋，大声地表达："I can skip/skate. I'm super!"咦，有位腼腆的男孩子看着视频里自己用心画画的模样，羞涩而又得意地笑着，同学们对他竖起了大拇指："Super!"孩子们虽然没有过多的语言表达，但自信的笑脸让教师们得到启示：文本设计的背后是语言的运用，也是个性化的表达，更是人与人之间情感的传递和体验。

（二）好作业是"玩"出来的！

数学组教师们在讨论怎样在作业设计中，体现游戏之于儿童的价值。教师们基于学科课程标准，分析孩子在自己班级课堂中所呈现的学习困难，创新整合各学习资源，设计了让孩子在思维的游戏活动中学习数学知识，运用数学知识，提升学习兴趣的作业——"小溪流创意数牌"学习以及学具，将学具与游戏作业紧密融合。配套的游戏方案和评价表经过几位老师的试用与反复打磨，和孩子在学科学习中的难点高度契合，既具有很强的开放性，也蕴含着内在的逻辑。

听，二年级学生洋洋的房间里传来了朗朗笑声："妈妈，你看，这游戏可真好玩啦……"看，孩子根据手册的游戏步骤，认真摆弄着桌上的创意数牌，洋洋妈妈陪同孩子饶有兴致地玩了起来。一年级时，洋洋妈妈最头疼的就是每天收到老师各种作业布置的消息。洋洋和许多孩子一样，在起初的学习作业中表现出拖拉甚至抵触，家长虽然能长时间陪伴，却少有和孩子心与心的交流。如今，"玩"出来的游戏作业既让孩子在作业体验的过程中积累了理科数学学习经验，又增进了孩子与家长的沟通和交流。

（三）好作业是"磨"出来的！

"我认为，丰富多彩的作业更能让孩子积极投入、亲身实践。""对对，让他们获得有意义的学习经历！""基于学科单元主题、内容、要求去设计是根本噢。""我们可以根据孩子的'听、说、读、写'选择作业模块来设计活动类作业！"

语文教师打磨多彩作业，即将"填字游戏""猜字谜""画古诗"等任务交给孩子。以一年级为例，教师前期通过问卷了解孩子的拼音学习基础，基于学情，对教科书内外部的学习资源进行整合，围绕"拼音"设计适宜于学校孩子的语文拼音作业系列，如："字母扑克牌""谁的耳朵灵""小溪流百变魔色"等。

"呀，这是什么玩具？""啊，这样玩吗？""呵呵，我们一起来试试吧。"课后，当孩子们拿到作业活动工具时，不胜欣喜。课间的教室内，不见了小打小闹，没有了独坐一隅，只见孩子两两间玩起色子，你一掷，我一拼，拼读起来可带劲儿了，时不时还有同伴间的"小老师"进行纠正发音。

语文学科设计创新了一个个符合儿童认知特点的多彩作业，孩子的作业方式由被动变为主动,在作业中他们玩得真开心,学得有兴致,在学习态度和学习情感得到升华的同时,同伴间也增加了交流、合作与分享。

(四) 好作业是有温度的!

"我们学科的特征适合多做探究啊!""对对对,探究式实践类的作业总能吸引更多孩子的参与!"科学与技术学科的老师们梳理了符合孩子年龄特点的学习探究主题,将它们设置为一个个小任务、一次次小实践。

在"神奇的热传导"作业中,孩子收到的作业是:围绕这一主题自主学习有关热传导的知识,最终设计并制作一个简易的隔热垫——

以小组为单位,孩子经过一番讨论,开启了一段科学探秘之旅:学校的电脑房里,"信息小分队"检索有关热的良导体的资料;校门口的弄堂里,"调研小分队"向行人调查家中所用隔热垫的材质;超市的货架前,"侦查小分队"搜集市面上销售的隔热垫的信息……晚饭时,入了迷的孩子们盯着家人端上来的热汤看个不停,一会儿摸摸碗壁,一会儿摸摸桌面,看看家里的隔热垫效果究竟如何。

孩子通力合作,解开了主题下的各项作业之谜。作业题目带着热腾腾的生活温度、作业过程带着活泼的合作温度、作业成果带着真切的做中学温度。想来,学生学习素养的发展不就是得力于这样一份份"有温度"的作业所驱动的吗?

(五) 好作业是多彩的!

随着课题研究的深入,作业设计的改变发生在学校各学科。教师突破传统作业的固化体系,不断充实创新,呈现了作业的丰富多彩。单元类作业丰富着单元教学设计,撬动课堂的变革;游戏式作业顺应儿童好玩的天性,在动手实践中发展儿童思维品质;合作类作业通过任务的解决,培养孩子沟通交往能力和探究学习的能力;体验式作业引领儿童亲身经历知识的发现与建构过程,让学习者充分浸润于学习中;自主式作业兼顾教师的指导与学习者的发展需求,提升作业体验时的自我效能感;创智类作业追求创新开放,彰显孩子在作业中的个性发展。跨学科作业融通多门学科,着力培育全面发展的人。主题类、表达类、制作类、探究类、专题类、想象类、非正式作业……对作业的创新设计在本书的各章节中将详细阐述。

四、研究感悟与前瞻

课题组在作业变革研究中的具身认知感悟分享：其一,关于作业观——需一定程度地改变既存的"操练""检查"思维与行动定势,重审作业环节在"课程"中的功能地位,以"三维目标""核心素养要素"为遵循、为规约。先有"宽视野""大格局",才能寓"宽""大"于一个个小作业、微题目。其二,关于作业设计法——既无"定法"又需"变法",即走出常规题点、题义、题型、题评的范围,博采新课程、新教法、新评法的精优长,不拘一式;其中,"回归生活""做中学(玩中学)""浸入""具身"等不啻为关键词。其三,关于教师专业知识——十分需要作出知识结构、教材解读、教学思维三个方面的反思调节更新,作业"黑箱"并不神秘,开启破译的密钥就在自己手中。

(一) 好作业具有成长性,体现素养培育的价值

课程是孩子成长的载体,课堂是孩子成长的主渠道,而作业是孩子成长的重要平台。常规的作业具有再现、矫治与强化的功能。作业的变革并非完全摒弃原有作业的优势,而是立足课程改革的背景,以发展孩子素养的视角对其进行反思:优质的作业要延伸课堂教学,不仅具备学习内容掌握的迁移反馈功能;还应能通过作业,培养孩子主动学习的习惯、引导孩子发展思维、提高学习驱动力和自信心、完善情感价值体系等。我校目前实施的作业变革改变了大部分孩子习惯于"外部灌输、被动接受"的学习状态,在联结"教学"与"评价"中,孩子对于作业消除了原来的畏惧感、压力感、陌生感,主动解决作业活动中的问题并尝试进行个性化的表达。可见,形态各异的作业之价值,既在于吸引孩子的注意力、激发兴趣,又在于引领他们自主地学、体验地学,更在于孩子通过与自己和他人的不断对话,学会思考、创新认知、发现自己。

(二) 作业变革具有挑战性,体现学教的品质提升

相对于传统作业的布置,老师们在作业改革研究实践中不断反思既有的作业起源和作业惯性,重构自己的课程观作业观,逐步走出了单纯知识反馈反刍的机

械性作业泥淖，从经验设计到基于课标和孩子的整体创新设计，着力探求不同作业样式设计的模式和策略，打造了利于孩子"知情意行"协调同步发展的作业系列，丰富了孩子的情感体验和学习生活。实践印证：这样的作业实施确实是孩子掌握知识、形成能力、积淀素养的必由之径。一路走来，教师们对作业的理解愈发清晰和深入，切身感受到"作业核心素养"背景下的课程与教学的问题与重中之重。只有教师课程领导力、教学创新力、作业设计力的提升，才能促进孩子学习行为的转变和能力的提高，促进学、教内涵品质的提升。

作业的变化和革新是一个循序渐进的持续过程。本书中的作业设计样式从实践中而来，最终还要回到更多普遍的实践中得以检验和修正。为进一步拓宽作业空间、照应个体差异，我们或将基于多元智能和个别化教学理念，更注重作业对于孩子个体的思维品质和学力性向的训育功能，试建设多学科融合的多样化作业资源库。无论如何，孩子在一切高品质作业中所习得的品行将陪伴他们一生——这也是我们在作业变革征程中所怀揣的信念愿景。基于"成长性"教育教学理念，我们正走在作业转型的路上。相信，随着课程改革的不断深入，作业设计与实施必然会在更多的作业专业理论指导下，走向成熟、扩大创新、有所普适。

马燕婷　胡靓瑛

第一章

单元类作业：引导孩子系统地学习

单元类作业是以单元为基本单位进行整体规划、设计、执行和评价的所有作业的集合。单元类作业设计遵循一致性、统整性、多样性和差异性原则，具有"高结构""强关联"和"共成长"的特质。孩子在完成单元类作业的过程中，突破了传统作业固化的框架体系和碎片化的学习模式，以统整而非叠加的系统学习方式拓展原有知识框架，发展思维品质，完善情感价值，形成核心素养。

《教育部关于全面深化课程改革落实立德树人根本任务的意见》将培育核心素养作为深化课程改革、落实立德树人目标的主要载体。随着课改的深入,在落实核心素养培育的过程中,我们将目光聚焦于单元教学设计。单元类作业作为单元教学设计的一个有机组成,是为完成单元学习任务而进行的,具有指向性的系列化思维和实践活动。

一、单元类作业的理念认同

单元类作业的理论源于著名的哲学命题"整体大于部分之和"。亚里士多德在阐释"整体与部分的关系"时提出,"当部分以有序、合理的结构形成整体时,整体的功能大于各部分功能之和。"路德维希·冯·贝塔朗菲在一般系统论中认为:每个要素在有机整体系统中处于一定的位置,发挥各自的功能,要素之间相互关联,构成了一个不可分割的整体。一般系统论给教育发展带来了全新的视角和思维方式,教学系统论应运而生。教学系统论运用系统论的观点和方法对教学活动的结构和过程进行考察和分析,从理论上和技术上提供实现最优化的教学系统方案。单元类作业是教师以教材的自然章节作为基本单元,依据课程标准或课程纲要,基于学情,围绕主题(专题/话题/问题)和活动等选择学习材料,进行结构化组织的学习过程中的所有作业的集合。它立足课程视角,聚焦核心素养,以作业为突破口进行系统化、结构化的规划、设计、执行和评价,从而实现"整体大于部分之和"。相较其他类别的作业,单元类作业更能体现以下三大效应。

(一)"高结构化"效应
单元类作业作为一个系列支架,它自带"高结构"的单元教学设计特征,即:由教师确定目标、设置作业、设定评价体系、配置资源、导引作业过程,在单元视域内对各课时作业的目标、内容、类型、用时、难度等进行统筹,帮助孩子一定程度地摆脱"低结构化"学习的零散化点状认知惯性。"高结构"特点在使单元类作业最大化体现、实现课时作业之间的统整、关联、递进的同时,驱动孩子随着单元课时的推进,经历"感知生活—类比结构—迁移应用—情境实践"的学习过程,最终完成具有一定难度的综合应用性的学习任务。

(二)"强关联化"效应

从微观的作业维度看,单元类作业自成一个相互关联的作业系统。它基于并指向单元目标,围绕单元主题和核心内容,纵向以单元知识为主线,横向以围绕主题的学科能力、思维品质、文化意识提高为依据,为孩子创设体验实践、素养成长的途径和平台。从宏观的整体教学维度看,单元类作业在单元教学体系中发挥着印证、反哺并服务于教学各环节的作用。它向前直接检验单元目标和教学过程;向后潜在影响知识转化为能力,能力内化为素养。核心素养视域下的单元类作业遵循"核心素养—课程标准—单元设计—课时落实"这一课程发展与教学实践环环相扣的规律,凸显其"关联性",从而实现整体效应。

(三)"共成长性"效应

对教师和孩子而言,完成单元类作业是一次彼此沟通、互相影响、共同成长的过程。孩子作为"新态型"单元类作业的执行者,或可习得相对高阶的学科学习力。单元类作业在减负的同时增效于孩子"学"的过程和结果,提高孩子"学"的品质。教师作为单元类作业的系统设计者和任务驱动者,需摒弃对作业的孤立片面理解,站在单元和全局的视角进行设计,需具备相应的、自适的课程思考力、设计力、执行力和反思力。设计单元类作业充分激发挖掘了教师的潜力,也提升了教师对学科课程整体的把握能力以及对教学系统的设计能力。

二、单元类作业的设计方法

单元类作业设计是以单元为基本单位,教师根据特定的单元学习目标和相应的单元教学任务,以多种形式和途径编制、选择、改编完善或自主开发形成作业的过程。为凸显单元类作业效应,在设计过程中需要遵循以下四大要则:一是一致性。单元类作业应保证不同课时内容之间的整体教学功能,体现单元类作业与单元教学目标、内容、重难点的一致性;与孩子最近发展区学习水平的一致性;与各课时任务衔接对应的一致性。二是统整性。单元类作业应当考虑对分项课时作业的统合教学功能,关注单一教学目标和多维教学目标的侧重与集合;单个知识技能和多个知识技能的关联与递进;知识体系分配和题型分布的水平与需求。三是多样性。单元类作业应凸显单元类作业形式的增益教学功能,力求达成作业题型创意化的丰富性、作业形态生活化的体验性、作业过程活动化的合作性、作业结果综合化的表现性。四是差异性。单元类作业应关注个别化教学功能的达成,重视孩子现时不同的学科学力水平、思维特征、学习风格、文化经验和兴趣热点。基于以上作业设计四大要则,通过分学科作业研究、设计和实践,我们提炼出单元类作业设计基本思路,见图1-1单元类作业设计流程图。

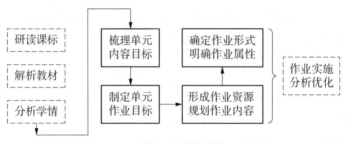

图1-1 单元类作业设计流程图

单元类作业设计需经历流程图中的四个阶段,即"梳理单元内容目标—制定单元作业目标—形成作业资源,规划作业内容—确定作业形式,明确作业属性",它们紧密相扣,缺一不可。在此,我们详细阐述单元类作业的设计方法和具体步骤。

(一) 梳理单元内容目标

图1-1单元类作业设计流程图中,虚线框中"研读课程""解析教材""分析学情"三项内容是教师在单元教学设计时开展的必要步骤,是制定单元教学目标、单元学习目标、单元作业及评价目标的起点。

（二）制定单元作业目标

单元类作业目标制定需基于学科课程标准，以单元为基本单位，在单元目标的统领下，兼顾知识、技能、能力、情感等多维度目标的达成，并根据需要区分出不同学习水平，其过程是对教学内容依照水平要求进行整体规划和重组，转化为符合孩子实际的学习单元。

（三）形成作业资源，规划作业内容

单元类作业目标制定后，教师需围绕目标逐步开展对作业资源的搜集、引用等活动，其途径详见图1-2作业内容设计流程图。具体操作时，作业资源可来源于教材、课堂活动等多种途径，选择作业资源时需充分考量每项资源所指向的单元学习水平、能力水平。将具有可操作性的作业资源初步分类，或引用或改编或创新以目标为导向的作业资源，进而形成丰富的作业资源库及作业设计案例集。

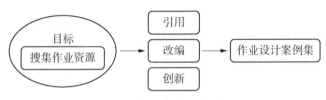

图1-2 作业内容设计流程图

同时，将设计练习活动内容进行课时分配与规划，并以"作业活动分配与规划列表"的形式呈现，见表1-1。对照目标，参照"作业活动分配与规划列表"，我们可以明确目标内容在各课时的分配，保证目标水平分布合理的同时，关注内容在各课时之间的联系性与递进性。

表1-1 作业活动分配与规划列表

目标序号	课时1	课时2	课时3
1			
2			
3			

（四）确定作业形式，明确作业属性

借助表1-2单元类作业属性表，教师可以整体考量作业的完成时间、表现方式和提交时间，设计兼顾学习要求和作业活动目的的多种作业活动形式，并指向"学习兴趣""学习习惯""学业成果"。

表1-2 单元类作业属性表

作业项	项目	内容	
单元类作业内容	作业目标	单元类作业目标……	
	作业类型	形式	听 说 读 写……
		水平	记忆性 理解性 应用性
	作业时间(分钟)	＿＿＿＿＿分钟	
	完成方式	独立完成 合作完成	
	提交时间	上课前一天 上课当天 ＿＿＿＿天以后	

下面以牛津上海版英语二年级第二学期 Module2 Unit3 单元类作业为例，具体阐述单元类作业的设计方法和设计要则。

案例 1-1

《英语》(牛津上海版)二年级第二学期
Module2 Unit3 单元类作业设计

所属模块与主题：

Module2 My favourite things　Unit3 Animals I like

作业说明：

设计单元作业前，我们认真解析单元教学内容及要求。本例的教材内容以动物为主题，围绕喜欢的动物以及购买喜爱的动物玩具展开。研读《小学英语学科基本要求》，以下简称《基本要求》，正确把握其中有关各级知识水平指向的内涵：知道(A)、理解(B)、运用(C)和综合(C∗)。根据本单元教材内容，分析单元教学内容及核心语言，以单元话题及核心语言功能为依据，围绕《要求》中"语音""词汇""词法""句法""语篇"五大板块，对单元学习内容做具体要求和学习水平的阐述。具体内容见表1-3单元教学内容及要求。

表 1-3 单元教学内容及要求

	单元学习内容	《基本要求》相关内容与要求	学习水平
语音	辅音字母 f，v 在单词中的发音；基本句式的朗读语调	1.1.2 辅音字母的读音规则：背记辅音字母的读音规则 1.3.2 用正确的升调和降调朗读基本句式	A A
词汇	giraffe，snake，elephant，zebra	2.1 核心词汇：背记、理解和运用核心词汇	C
词法	verb have：They have …	3.5.3.1 用陈述语气进行表达，并做出回应	C
句法	Wh-question： What are they? They are … Yes/No question： Do you like … ? Yes. I do. /No, I don't. I like …	4.2.2.2 用特殊疑问句提问，并做出回答 4.2.2.1 一般疑问句：用一般疑问句提问，并做出回答	C
语篇	Look and say(核心板块) Say and act(核心板块) Play a game(辅助板块) Listen and enjoy（辅助板块）	5.1.1 基本信息：简单讲述对话、故事等或记叙文中的时间、地点、人物、事件等基本信息	A

结合单元教学内容及要求，我们确定单元教学目标及作业目标。英语学科单元目标指向孩子核心素养的培育。该单元类作业从制定单元教学目标到制定单元类作业目标时，既要细化目标，更要做好统整与融合，进一步明确单元综合活动任务，从而实现在多维目标下，从低阶功能或单个知识技能走向相对完整的语用能力，通过作业活动体验进行系统化地学习，从而实现对原有知识能力框架上的思维发展和情感体验。具体内容见表1-4单元教学目标及作业目标。

表1-4　单元教学目标及作业目标

项目	内　　容	
学习内容	1.1.2语音规则；1.3朗读；2.1核心词汇；3.5.3.1陈述语气；4.2.2.1一般疑问句；4.2.2.2特殊疑问句；5.1.1基本信息	
制定单元类作业目标	教材单元： 2B Module2 Unit3 Animals I like	教材板块： Look and say, Say and act, Play a game, Listen and enjoy
	单元教学目标	1. 知晓、背记辅音 f, v 的读音规则，正确朗读相关单词； 2. 能听懂认读、理解运用动物类的核心词汇 giraffe, snake, elephant, zebra，语音语调正确； 3. 能听懂、认读、理解、运用核心句型 What are they? They are ... 相互交流彼此所见到的动物，语音语调正确； 4. 能在非洲参观动物的语境中，结合 They are ... They like eating ... They have ... 等句型从颜色、外貌特征、喜爱的食物等方面介绍自己喜欢的动物； 5. 能在非洲参观纪念品商店的语境中，结合 Do you like ...? Yes, I do. /No, I don't. I like ... They are ... They like eating ... They have ... 等句型与同伴讨论彼此喜爱的动物及原因，并能运用 Can I help you? ..., please. Here you are. Thank you. 等句型，有礼貌地购买喜爱的动物玩具。

项目	内　容
单元作业目标	1. 知晓、背记辅音 f,v 的读音规则,正确朗读相关单词; 2. 能认读、理解并运用核心词汇 giraffe, snake, elephant, zebra; 3. 能认读、理解、运用核心句型 What are they? They are ... Do you like ...? Yes, I do. /No, I don't. I like ... They ...; 4. 能在情境中运用核心词句从颜色、外貌特征、喜爱的食物等方面介绍自己喜欢的动物,并有礼貌地购买喜爱的动物玩具。

　　根据单元内容和要求、教学目标和作业目标,以单元作为作业设计基本单位,依据单元类作业设计的基本思路,借助表格工具规范作业设计,设计单元类作业内容,力求在单元类作业中以"合"而不"同"的作业体验,引导孩子系统地学习,提升学科核心素养。该单元类作业案例划分为两课时。根据不同层次的学习水平,围绕五个板块逐步递进呈现的作业活动,有利于激发孩子挑战本单元语境下对活动任务完成的积极性,促进其语言技能和学习策略的形成。该案例具体设计内容如下:

Oxford English　2BM2U3 Animals I like
牛津英语二年级　M2U3 Period1 Step by step

I. Learn the sound 认读辅音字母的读音规则

Step1　Look and read 看图片,读一读,感受辅音字母的发音(学习要求 A)

　　fish　　　　　　van　　　　　　wolf　　　　　five

Step2　Listen and choose 听录音,圈出听到的单词(学习要求 A)

　　A. fish　fox　　　　B. wolf　leaf　　　　C. van　five

II. Let's guess: What are they? 猜猜他们是谁?

Step1   Read and say 读一读单词,完成连线(学习要求 B)

elephants	giraffes	zebras	snakes

tall leaves	black and white grass long noses	so big bananas dance	green meat long tails

Step2   Say and act 表演小故事(学习要求 C)

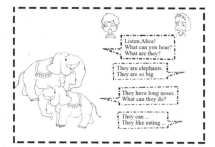

Step3　Make a book 完成 Animals book（学习要求 C）

　　A. Choose，draw and say 按照样例，在以上四种动物中选择一种自己喜欢的动物，画一画，说一说

　　B. Share the book 在小组中分享故事书

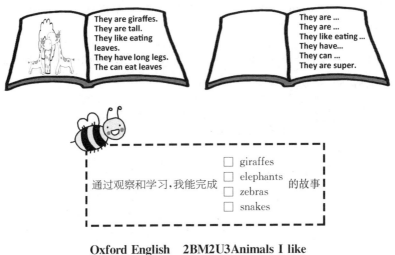

They are giraffes.
They are tall.
They like eating leaves.
They have long legs.
The can eat leaves

They are ...
They are ...
They like eating ...
They have...
They can ...
They are super.

通过观察和学习，我能完成 ☐ giraffes ☐ elephants ☐ zebras ☐ snakes 的故事

Oxford English　2BM2U3Animals I like

牛津英语二年级　M2U3 Period2 Step by step

I. learn the sound 认读辅音字母的读音规则

Step1　Read the chant 读一读儿歌，在儿歌中感受辅音字母的发音（学习要求 A）

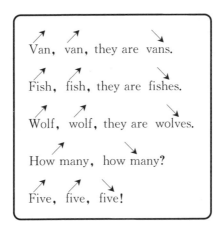

Van，van，they are vans.

Fish，fish，they are fishes.

Wolf，wolf，they are wolves.

How many，how many?

Five，five，five!

Step2　Listen and write 听录音，根据发音填入合适的字母（学习要求 A）

A. I can see fi____e ____oxes.

B. I like eating ____ish

C. The wol____ is bad.

II. Let's go shopping! 小朋友们让我们一起在非洲纪念品商店中购物吧！

Step1　Listen and fill in the blanks 聆听 Alice 和 Danny 在非洲纪念品商店中的对话,完成填空(学习要求 C)

A.

I'm Alice. I like _____.

B.

I'm Danny. I don't like _____.
I like _____.

Step2　Choose your favorite toys 与同伴交流喜爱的动物纪念品,并尝试购买(学习要求 B)

A：What are they?

B：They are ... (s). They are ... They like eating ... They have ... They can ...

A：Do you like ... (s)?

B：Yes, I do. /No, I don't.

C：Hello! Can I help you?

B：May I have ... , please?

C：OK! Here you are.

B：Thank you.

Step3　The toy animals I buy 描述自己购买的动物纪念品（学习要求 C）

Hello!　I'm ... I buy some toys ...
They're ... They like eating ...
They have ... They can ...
How ...! I like them!

我能用正确的语音，有礼貌地购买我喜爱的动物纪念品！　□
我能用正确的语音语调表述我购买的动物纪念品！　□

案例分析：

　　案例中，我们基于课程标准和儿童学习基础与个体差异，将课程资源中的知识技能、方法策略和情感体验等关键要素转化为单元课时作业中渐次递进、丰富有趣的学习活动，既涵盖单元学习的重点知识与技能、融合多种思维方法，又分层设计，以丰富多样的作业体验活动构架儿童不断巩固所学、强化体验、发展能力、获得情感体验的平台，使他们在完成单元类作业的过程中学会系统地学习，逐渐形成较为整体的逻辑构架，促进其学习习惯、学习态度、心理品质的养成。遵循单元类作业设计四大要则，对各课时作业设计、实施和评价进行整体考虑。

　　单元类作业设计过程中，我们力求让孩子能在完成部分综合应用性学习任务中经历"感知生活—类比结构—迁移应用—情境实践"的学习过程，不断促进其知识与思维、情感与态度的发展。如本例第一课时作业中，孩子可以选择一种自己喜欢的动物画一画，并进行简单介绍，从而引导孩子们在合作、分享 Animals Book 过程中，体验同伴互助的美好情感，树立爱护动物的意识。第二课时作业则基于第一课时作业，创设"在非洲纪念品商店购买自己所喜爱的动物纪念品"的情境，引导孩子在互动交流中体验用所学语言去"做事"，充分发挥作业的互动性和交际性。

　　单元类作业实施过程中，教师可以将单元类作业根据教学内容和要求，结合具体课堂活动设计，将其合理运用于复习引入、新知巩固、知识拓展以及课后延伸等不同环节。如本例中的语音作业基于孩子学情，分别通过课前预习、课中任务以及课后巩固等活动优化单元作业使用。教师可以引导孩子将 Period1 第一大题"Step1 Look and read 看图片，读一读，感受辅音字母的发音"作为课前预习使用；将"Step2 Listen and choose 听录音，圈出听到的单词"作为课堂教学中的巩固练习使用。

三、单元类作业的探索实践

　　作业是孩子独立运用知识的初步实践，也是连接教师教学与评价的重要载体。在单元类作业设计与实践过程中，教师应该始终坚持以单元目标为导向，以一致性、统整性、多样性和差异性原则规范作业设计，通过有机整合核心学习内容，促使孩子将学习作为一个连续性的实践与运用过程，这种系统的学习经历是提升学科核心素养的有效途径。通过单元类作业实践与操作，梳理总结已有经验，我们发现可以从以下几个方面开展再研究、再实践。

（一）丰富作业类型

　　在单元类作业设计过程中，我们要兼顾题型的丰富性，让孩子能在生活化、主题化、项目式的体验性中经历真实的学历历程。同时，单元类作业的实施也需要孩子参与到作业的规划与设计中，强调孩子在完成作业过程中的自主性、能动性和对学习活动的控制与支配的能力。在这种互相作用的系统化学习中，孩子才能更好地完善原有知识体系，发展思维情感。

（二）统整学习内容

教师以作业内容"结构化"组织为抓手，以单元主题、话题及核心知识内容为依据，结合三维目标进行单元类作业设计，统筹单元内容不同课时的作业，强化各课时作业与要求之间的衔接与关联，确保各课时作业渐次递进，力求留出时空增加发展高阶能力的作业比重，让孩子不断巩固所学、融入新知，进而形成良性循环的认知生态系统。

（三）优化作业使用

从整体教学角度看，作为长作业的单元类作业可延展到教学各阶段，发挥印证、反哺并服务于教学各环节的作用。在课前前置部分作业，激活先期知识，探查学习起点；在课堂中分解部分作业，联结新旧知识、重构概念、发展能力，形成深度学习；在课后独立完成部分作业，在实践操作与新信息碰撞中，实现知识的巩固和思维的深化持续发生。

（四）提升作业品质

孩子完成作业时，会根据自己的经验背景，对外部信息进行选择处理，从而获得新的认识理解的发展。孩子的差异性使他们在诠释对知识的理解上必然也存在不同。通过对单元类作业的及时评价、反馈及跟进，教师对孩子在完成作业过程中出现的普遍及个案问题进行深入分析、查找原因，及时调整策略、跟进辅导，更好地帮助他们以自省的态度改进学习样态。

（撰稿人：董佳　周宁　蒋薇佳）

第二章

合作类作业： 引导儿童学会合作

儿童的学习是社会建构，它是在与家长、教师和同伴相互作用过程中建构的。合作类作业是与他人共同完成的，在完成任务过程中，可能会产生不同意见，孩子们不仅要完成作业，更要学会交流、学会接纳、学会宽容。设计合作类作业，宜寓教于乐，乐中求教，激活思维，开启智慧，展示才华，发展个性。

教育部印发的《关于全面深化课程改革 落实立德树人根本任务的意见》中提出："教学要面向全体学生,适合学生个性发展的需要,使每一个学生得到充分的发展。"这个理念贯穿于我们的教学活动,也充分体现在课后作业中。合作类作业突破传统作业巩固知识、运用知识、训练技能技巧的学习功能,具有其他作业所不具备的特色功能,即在儿童完成作业的过程中培养其良好的沟通交往能力,探究解决问题能力,最终达到学会学习。

一、合作类作业的生长旨趣

合作类作业是基于学习内容,通过小组成员合作,进行练习、沟通、交流和汇总,从而使儿童达到学习内容的深化理解,激发合作意识与创新学习能力的一种作业形式。合作类作业设计是教师以教材为单位,依据课程标准或课程纲要,基于学情,围绕年段目标、单元目标、课时目标选择学习材料,充分利用现有资源,设计多人共同完成学习任务的一种作业形式。

合作类作业一般安排在课后,它结合学习内容,有目的、有针对、有步骤地引导儿童在合作中完成学习任务。其合作形式可以是教师与儿童、儿童与儿童或儿童与家长等。合作类作业不脱离课标,聚焦核心素养,在分析教材的基础上,选取恰当的作业内容,通过合作、探讨,解决问题,从而实现对学习内容的深化理解。相较其他类别的作业,合作类作业更能体现以下教学价值追求,即"提高交往水平""提升合作能力""激发学习兴趣"和"促进教师成长"等四个效应。

（一）提高交往水平

儿童的学习不是独立的，主要是在与家长和教师、同伴的相互作用过程中建构的。参与和交往能力是人类生存、发展的要求，更是构建和谐社会的必备人才素质。一个具有良好身心发展和较强交往能力的人，往往能较好地适应社会生活，并取得较高成就。合作类作业能提高交往沟通水平，让儿童在完成指定任务的过程中学习与他人共处和交流，提高儿童的交往水平。

（二）提升合作能力

合作类作业培养儿童的合作精神，是一种以儿童亲身实践为主的作业形式，对深化学生学习体验、提高教学质量有着非常重要的意义。在与他人共同完成合作类作业的过程中，可能会与他人产生不同意见，学生不仅要完成学科作业，同时更要学会交流、学会接纳、学会宽容。

（三）激发学习兴趣

教师根据教材目标和相应单元课堂任务，以多种形式和途径编制、选择或自主开发形成合作类作业，使作业多样化。合作类作业受到儿童欢迎，给予儿童发展个性、展示才华的机会，能调动儿童学习积极性，也能激发儿童学习兴趣。

（四）促进教师成长

对于教师而言，以往的作业设计，忽视了儿童在学习过程中亲身实践、探索的重要过程，形成了轻归纳、轻实践、轻动手的学习样态。合作类作业推动教师对作业设计的研究和实践，站在学科和育人的更高视角研发、设计作业。这个过程能提升教师驾驭学科课程的能力和实施课程的能力，从而推动教师的"自成长"。

二、合作类作业的设计方法

合作类作业设计围绕学科内容，包括基本的学科知识、必需的学科能力、适当的学习策略,分成若干个"点",由浅入深、由易及难,分布在设计之中。

为凸显合作类作业的效应,我们在设计过程中需要遵循以下四个设计要则:一是**协作性**。传统作业在设计中过于注重儿童解决问题的能力、独立思考的能力,忽略了儿童之间的协作和交流沟通能力。而合作类作业注重儿童协作完成学习任务,渗透隐形的学习习惯和情感培养,体现全面育人的教育观。二是**探究性**。合作探究是让儿童在探究过程中形成解释、获得答案并进行交流、检验,形成小组意见。它根据学科和儿童自身需求,从学习内容中、生活中选择有意义、有价值的作业内容,让作业贴近生活。在合作完成作业过程中,引导儿童探究解决问题的策略,共同验证学习结果,体验学习过程,促进他们体会知识的价值与活力,提高他们学习乐趣和综合能力,并加强他们对知识的巩固。三是**共享性**。合作类作业可以共享学习成果。学习成果的呈现形式可以是读、说、演、画等,也可是一人或多人,在展示呈现过程中呈现本组的风采。例如,语文课堂上,可采取分角色朗读、表演展现学习成果,引导儿童在互相启发中共同绘制思维导图深化理解等。四是**开放性**。合作类作业也是开放的作业。首先它是时间的开放,可以安排在课前或课后,组织儿童合作学习。其次它是内容的开放,合作类作业可以安排在不同教学内容中,如语文学科在加深儿童对文本内容和角色的把握时,设计课本剧表演;数学学科在深化儿童对概念、公式的理解时,设计小组合作,探究公式推导过程;道德与法治学科在检验儿童课堂学习成果时,设计小组小报制作;英语学科在引导儿童了解中西文化比照时,设计合作搜集任务资料等。最后它是形式的开放,引导儿童在校园、社区、社会等不同场所,以观察、探究、游玩等不同形式合作完成学习任务。

基于以上作业设计要则,通过学科作业的研究、设计和分析,提炼出合作类作业设计的基本思路(见图2-1合作类作业设计流程图)。合作类作业需要研读课

图 2-1　合作类作业设计流程图

标、分析教材、选取恰当的作业内容,通过合作与探讨去解决问题形成小组意见,从而达到对学习内容的深化理解。合作类作业引导儿童在学习中既要发挥个性特长,又要加强紧密合作,即在合作中竞争,让其体验到教师和儿童的角色互换,并指导在探索中学会交流互动。

在此,我们详细阐述合作类作业的设计方法和具体步骤。

（一）分析教材，心中有目标

众所周知,教材规定了课程的性质、任务、目的、要求,它对教学工作有直接的指导意义。依据教材调整作业的中心和侧重点是作业设计的一大关键。所以教师要弄懂教材的基本思想、基本概念,领会教材的编写意图,熟悉知识范围,明确各单元的目的要求以及他们之间的内在关系,同时掌握重点,分清主次,做出作业内容设计的前后联系性、重点延续性。

（二）了解学情，眼里有学生

作业是课堂的延续,在课后,帮助儿童巩固、复习、拓展所学知识与技能是作业设计的目的。由于儿童个体情况不同,即他们的学习情绪、心理特征、认知水平、学习习惯、知识结构和知识掌握等不一样,在设计合作类作业前,通过分析学情找准合作类作业的切入点和层次性,或对不同合作类作业的合作对象做好相关"预设",显得十分重要。

（三）关注评价，合作有方法

评价在合作类作业中起到重要的作用。建立评价机制,将评价主动权交予儿童,创设评价情境,维持学习秩序,运用评价机制,在自我评价、他人评价的合作交流中,发挥儿童各自特长,达到掌握知识和能力提升的相互促进,从而激发学生学习兴趣和主动学习的积极性。

下面我们以沪教版四年级第二学期第七单元第 34 课《白银仙境的悲哀》中"保护大自然"为主题的演讲作业作为合作类作业案例(见案例 2 – 1)。

案例 2-1

教材内容：

沪教版四年级第二学期第七单元第 34 课《白银仙境的悲哀》

案例说明：

    课文描写了一个有仙境般名字和环境的小镇——白银仙境，由于人类的破坏，使得环境发生变化，告诫人们要保护环境的故事。此篇课文的教学目标是引导孩子体会白银仙境面目全非后的悲哀，唤起孩子环保的意识。课后的合作类作业——以"保护大自然"为主题的演讲呼应主旨，希望引导孩子们在合作演绎过程中，进一步体会保护环境的重要性。

案例说明与分析：

    教师根据课程标准及教材的特点，基于四年级孩子具有一定的语言表达能力，能在一段话的表述中呈现自己观点的这一学情，设计主题为"展开一次呼吁'保护自然'"演讲的合作类作业，将课内知识向课外延伸。

    教师遵循合作类作业设计的协作性与共享性原则，围绕"演讲"渐次递进呈现作业活动，作业涵盖收集资料、整理归纳、制作媒体、表达交流，作业内容间相互衔接、层层递进，直指核心，强化本课情感、态度和价值观中的"保护环境"这一人文性目标的达成。

    在完成作业任务过程中，孩子们把收集到的资料加以整理归类、共同编辑，并在交流共享中收获更多信息，加深对环境污染的了解，拓宽自己的知识结构。合作类作业在帮助孩子们提高学习成效的同时，有效培养孩子们在协作完成作业时取长补短、尊重他人、接纳他人观点的合作精神。

三、合作类作业的实施建议

随着课程改革的推进,合作学习已成为热点。合作类作业在小组成员相互协作中,给予每个孩子展现自己个性的机会,使他们不断获得成功的体验,从而更加愉悦地学习。但随着合作类作业的深入实践,我们发现合作类作业在实施过程中,应注意培养孩子的合作意识;教授合作技巧;注重分组合理性与合作学习的顺序等,推动合作学习进行得更加切实有效。

(一)注重培养合作意识

在组织孩子们开展合作类作业时,要重视培养他们的合作意识。合作类作业的学习任务由几个孩子组成合作小组共同完成,组员作为合作伙伴,只有相互尊重、理解、信任与协作,才能高效完成作业。因此,教师在指导孩子完成合作类作业时,应引导他们明白每个组员都对完成小组任务负有责任,每个成员都要为完成小组任务作出贡献,意识到尊重与接纳成员间的意见、建议、观点对完成此类作业的重要性。

(二)关注传授合作方法

在开展合作类作业时,教师应关注传授给孩子一些进行合作学习的技巧。如指导孩子在倾听同伴分享时,应该通过目光注视、点头示意、鼓掌鼓励等肢体语言表达尊重;在赞同他人观点时,应该用肯定、赞扬的语言给予回应;在与他人意见相左时,应该在完整听完他人表达后,礼貌地陈述自己的意见、观点或建议。教师也可以通过场景模拟、情境分析等方法,引导孩子在完成实际的合作类作业过程中,逐步理解掌握、运用合作方式和方法的重要性。

(三)重视分组分配合理

进行合作类作业时,合作成员的分配组合与人员数量安排要注意其合理性。教师要善于根据学生性格、学情等情况,以及合作类作业任务的难度,指导孩子自主选择、成立合适的合作小组。特别要注意在充分发挥能力较强的孩子作用的同时,更要重视引导孩子们善于通过自己的言行在合作学习任务中帮助、带领性格、心理或学习上有特殊需要的同伴共同进步,在较好地达成合作目标时,促进组内不同层次的伙伴都能学有所得。

(四) 优化合作作业顺序

开展合作类作业时,要指导孩子们学习参与合作类作业的学习顺序,即个人独立思考-小组合作作业-集体交流共享。面对合作类作业任务,教师要引导孩子先独立思考,明白作业内容、要求和完成作业的要点;再将独立思考的想法与具体完成作业的思路、方法在小组中交流、分享;然后确定合理的合作方式、任务分配等协作实施,最后通过共享、总结,呈现最终作业成果。在有分有合、求同存异的过程中,在提高孩子独立思考能力的同时,达成协作共赢。

(五) 强化建立评价机制

较好地建立评价机制,能有效提升孩子完成合作类作业的有效性。每一次合作类作业后,教师要关注孩子开展合作类作业的过程与成果评价,引导孩子及时反思开展合作类作业过程中的亮点与不足,帮助他们总结合作作业时的经验与教训,寻找更好地开展合作类作业的方法与步骤,从而不断提高孩子们完成合作类作业的有效性,从而在过程中更好地培养其合作意识,帮助孩子掌握合作方法、学会与人合作。

（撰稿者：陈逸婷　俞善芳）

第三章

体验式作业： 带领儿童学会体验

　　体验式作业是引领儿童亲身经历知识的发现与建构过程、切身感受学习内容的趣味与价值。注重儿童"习得过程"中的知情意行同步协调发展,着眼于作业情境活动对儿童个体的潜能唤醒和情感浸润,体现出学习者沉浸式的作业特征。以"情境中的学习活动"为作业载体,发掘、拆分"体验"要素,创设真实或虚拟的体验情境,设置既以儿童学习兴趣为基础又利于儿童认知与情绪交互作用的作业,促进儿童体悟学习。

体验式作业是教师引领儿童亲身经历知识的发现与建构过程、切身感受学习内容的趣味与价值、帮助课堂目标任务达成的作业。这类作业注重儿童"习得过程"中的知情意行同步协调发展，着眼于作业情境活动对儿童个体的潜能唤醒和情感浸润，体现出学习者沉浸式的作业特征。

一、体验式作业的价值理念

　　体验式作业设计是教师以"情境中的学习活动"为作业载体，发掘、拆分课业目标任务的"体验"要素，创设课内课外的、文本化的、真实或虚拟的体验情境，其设置既因应儿童学习兴趣又利于儿童认知与情绪交互作用，促进儿童体悟学习价值。

　　诚如雅斯贝尔斯的著名教育箴言所说——"教育的本质意味着：一棵树摇动另一棵树，一朵云推动另一朵云，一个灵魂唤醒另一个灵魂。"课程绝不能仅止于单纯的教授，更需要心灵的开发、情感的滋育，学科作业亦是如此。常规作业以知识识记反馈、技能掌握练习、追索统一答案暨达成同一目标为特征，这类"刚性作业"的局限性，有必要通过其他类型的"柔性作业"予以弥补和纠偏。体验式作业意在让儿童像他们生活中的其他任何一种体验似的，在学习活动中开放身心，相对自由地触摸感应"自我的内在"和"学习内容的外在"之间的关系；体验式作业这种个人化、情感性、直觉式、人际交互式的"柔性作业"，力图避免作业成为冷冰冰的强化训练，而使之成为理智与情感共在的，鲜活的、有温度的习得过程，成为儿童以所有的想法去感受和体验学习活动的丰富多彩、细致深刻，沉浸式地去体验因为活动而来的痛苦或高兴的感受经历。

　　体验式作业以兴趣为起点，培育核心素养，更能体现以下教学价值追求，即增强记忆、激发动机、开发潜能和提升能力四大效应。

（一）增强记忆

经由体验，让儿童将今日学习的内容牢牢地记忆在脑海中，很难再忘记。在融情境性、趣味性、实践性为一体的作业活动中，手脑口并用、想象观察分享并行，打通书本与自身经验的连接并统合，习得带有个人感知色彩的方法、新知——体验式作业对于学习的综合能力以及儿童的综合性学习具有重要的、不可或缺的作用。

（二）激发动机

儿童在情境活动中感受学习任务的苦乐趣味、认知学习内容与自己生活经验学习情感的关联、体味集体作业中的自信自尊自强——这些体验可以引发学习的直接兴趣并能够持续地转化为学习的间接兴趣以及对学习的更高更多需求。学习的要求在体验式作业中会转化成儿童自己的学习需求，儿童能在体验式作业中感受到学习的乐趣。

（三）开发潜能

体验式作业的内容情境化、操作活动化、反馈个性化等特征，催发儿童尽可能利用自己的学力、经验、个性、兴趣等的优长，去应答题目和解决问题——有利于激发儿童的多元潜能，有利于教师发现儿童的多元智能，更有利于发挥作业对于儿童智慧生长、学力可持续发展的作用。儿童在体验式作业的活动中不仅巩固了知识，掌握学习知识的方法，更是激发儿童自己学习知识的潜能，提升了儿童的智慧。

（四）提升能力

儿童通过体验式作业，知道任何知识与已有经验有关联，综合能力的发展是已有知识的发展、深化。只要方法得当，每个儿童都能在体验式作业中提升自己的综合运用知识能力。体验式作业作为一种浸入式学习，为儿童搭建了知情意行同步操演的平台，在书本知识与主体习得行为、知识技能与情感态度价值、课程内容与学习性向意绪等维度，赋能儿童——使每一次的作业体验成为个体学习能力、德行精神化育生长的"踮步"。

二、体验式作业的设计方法

体验式作业设计是教师以"情境中的学习活动"为作业载体，需要教师有机整合，以多样化的作业，把听、说、读、写等训练形式全面结合起来，激发儿童兴趣，提高儿童语文素养。

为凸显体验式作业的效应，我们在设计过程中需要遵循以下三个设计要则：

一是实践性。体验式作业是在教师指导下的实践性学习活动，其中有价值的学习活动通常是关于为什么、怎么办的任务，是具有启发思路、相互关联、结果不可直接预见等特征的活动，需要儿童思考、研讨、研究、概括、分析、解释、预测、设计，建构模型等。

二是情境性。体验式作业是学习者主动地把知识纳入自身的认识范围。为了有效地促进儿童的心理内化，教育者应当创设多种情境来帮助儿童实现这种心理内化。

三是综合性。儿童通过在已有知识基础上的建构性活动来完成具有挑战性的任务，这些活动包括解释、举例、分析、总结、表达、解决不同情境中的问题等，活动中解决问题的方法和思路需要综合调用多种知识、多种方法。

基于以上作业设计要则，通过情境构建，诱发体验；置身体验、唤醒体验；过程自主、完善体验；交流互动、体验升华四个步骤，进行作业实施。在体验式作业设计中，教师基于学科单元主题、内容和要求，选择体验式作业类型，并针对儿童的听、说、读、写设计体验式作业，这样的作业既要适合教材中的知识点，还要能适合这个年龄段的儿童。

现今的学习，不仅仅是汲取应当习得的各门学科的知识内容，还应当是在学习过程中学习者主动实现掌握知识、发展能力、形成态度这三者的统一。这样的学习观更加倡导在学习过程中学习者的主动性和主体性，强调儿童主动地体验性学习。体验式既注重概念、判断、推理的掌握，也强调了儿童个体的情感、体验、领悟等心理功能的发挥；既注重知识的累积，也强调儿童能力的培养。这样的作业将老师的教摆到了一个引导的位置，而将儿童的学和做放到了主要位置，着重在作业过程中充分调动儿童运用多种能力参与学习的积极性,培养和发展他们的各种能力,关注儿童的全面发展,努力使作业成为儿童和教师共同焕发生命活力的、终生难忘的生命历程。

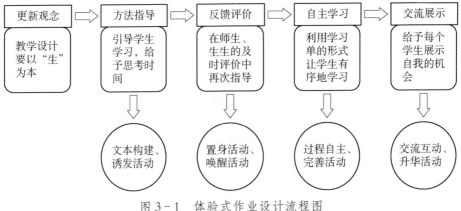

图 3-1　体验式作业设计流程图

上图(见图 3-1)是体验式作业设计的基本路线。体验式作业是以"学习者"为中心的学习活动,学习者应积极主动地融入学习情境中,参与学习活动。教师是主导,儿童才是作业的主体。学习者进入学习情境中以观察、表达和行动等多种形式来进行学习。体验式学习始终伴随反思过程,这种反思既要在行动中即时检查错误、巩固知识,又要在行动后总结经验,内化知识、协作分享。学习者在学习中,要主动与他人交流、分享知识。学习结束后,学习者应总结体验中获得的新知识,并将这些知识应用到工作和生活中,应用本身是一种实践体验,根据实践中存在的问题和需要再进行新的虚拟体验。因此,体验类作业是一个"以学习者为中心"的动态学习过程。需要特别指出的是:学习活动的选择要源于生活,最好是实践类的活动任务,使学习者学以致用。

在此,我们以教材中的体验式作业为例,详细阐述体验式作业的设计方法和设计要则。

(一) 巧用教材,激活体验

体验式作业的类型有许多,设计初期的必要步骤是教师基于学科单元主题、内容和要求,选择体验式作业类型,如一年级的儿童刚刚入学不久,他们的注意力持续时间短。而抽象的汉语拼音对于善于直观形象思维的一年级新生来说更是单调。从汉语拼音本身的特点和低年级儿童的年龄特点考虑,作如下设计:

案例 3-1

体验式作业设计

教材内容:本课"z c s"是一年级第一学期第二单元的第 7 课,本单元是本册教材第一个拼音单元。教材在课文中提供了整合的情景图。这些情景图既表音又示形,符合了一年级儿童的认知规律和学习需要。另外本课安排了词语的拼读、儿歌的朗读,让儿童在读读拼拼中运用、巩固所学拼音。汉语拼音教学要尽可能有趣味,体验式作业类型应以游戏为主,以唤起儿童学习拼音的兴趣。

▲ 作业题目:色子接力——声母识记

▲ 作业准备:

z c s 声母卡片,色子 1 枚,作业评价表。

▲ 作业内容:

1. 儿童自行决定先后顺序,先玩者负责将 3 张声母卡片贴在色子上。

2. 先玩者先掷色子,将掷到的声母摆放好,并读出上面的声母。

3. 若先玩者说对了色子上的声母,即可得到这张声母卡片,并从余下的卡片中拿出一张贴上;若先玩者没有读出所掷的声母,就由同伴抢读,读对了得到卡片;若双发都没读出,则继续由先玩者投掷色子。

4. 作业结束,根据作业评价表完成记录。

"色子接力"评价表

年　　　月　　　日

评价者		评价内容	评价等第		
			☆☆☆	☆☆	☆
我来评	作业兴趣	对作业的参与度	（　　）	（　　）	（　　）
	作业规则	作业过程中的倾听	（　　）	（　　）	（　　）
		作业过程中的守秩序	（　　）	（　　）	（　　）
家长评	作业成果	声母卡片的数量	（　　）	（　　）	（　　）

评价说明：
评价项目中达成 10—12 个☆为优秀,达成 7—9 个☆为良好,达成 6 个☆以下为合格。

(二) 情境构建,诱发体验

在教材中会有许多内容和社会生活密切相关。在体验式作业设计中引入生活情境,可以让儿童在熟悉的语境中完成对知识的学习和理解,同时积累一定的语言,打下扎实的基础。在情境的构建中给予儿童有效的指导以及关键的提醒,这样儿童才会学会从了解到运用,才能真正地达到有效的训练。这一部分十分的重要,也是体现了老师主导作用的部分。教师要好好把握这一个部分,将儿童要理解和掌握的内容传递给儿童,引导儿童在此基础上,发挥合理的想象,以完成后面的步骤。如一年级第一学期第二单元的第 7 课"z c s"课后体验式作业内容:我们一起为小 i 过生日,请了好朋友 z c s,小 i 看见它们可高兴了,手拉手在一起,回家和自己的爸爸妈妈一起读一读这些好朋友的名字。

(三) 走入实景,撬动体验

作业也是教材的延伸,学习和体验无处不在,无时不有。体验式作业走进生活实景,能够体现出应用的价值。儿童每天都能接触到很多媒介,他们的生活是丰富多彩的。因此,教师应该设法将各种生活体验调入他们的视线中、脑海中,丰富他们的生活积累。引导儿童留心观察生活,从生活中得到启发,提高他们的生活审美兴趣和社会认知能力。如一年级第一学期儿童识字单元的课后体验式作业内容：去超市里找一找,你认识了哪些物品上的名字或把物品的外包装收集起来和家人一起分享你认识的生字。

案例 3-2

体验式作业设计

我们以二年级第二学期语文《青蛙卖泥塘》作业为例,详见如下:

《青蛙卖泥塘》体验式作业评价表

年　　月　　日

评价内容	观测点	体验性作业评价指标	自评	家长	总评
合作	过程中的合作	在过程中能按商量选择说话顺序得☆☆☆			
		在过程中能基本按商量选择说话顺序得☆☆			
		在家长提示下选择说话顺序得☆			
表达	过程的准确度	能按课文内容句式想象说话得☆☆☆			
		能按课文内容想象说话得☆☆			
		在家长提示下完成说话得☆			
	表达时的态度	交流时声音响亮、态度大方得☆☆☆			
		交流时声音基本响亮、态度较大方得☆☆			
		交流时,需家长提示,才能表述清楚得☆			
	倾听的专注度	倾听时目光专注不走神,有边听边记的好习惯得☆☆☆。			
		倾听时不走神,试着听记得☆☆。			
		在家长提示下完成听记任务得☆			

评价说明:
评价项目中达成15—18为优秀,达成10—14者为良好,达成10以下为合格。

作业建议：

作业时间：5—10 分钟为宜。

这样体验式的表演，不仅可以弥补在语文教学中只注重听、说、读教法的不足，提高学习效率，还可以帮助儿童将有关语文的知识转化为实践的能力，激发儿童学习兴趣，促进儿童思维发展，从根本上提高儿童的素质。儿童通过作业设置的情境，展开了合理想象，体会到青蛙的心情，抓准朗读时的语气，体验到表演的乐趣。这里的角色扮演并不是空中楼阁，而是基于前面读段落、找句子、品句子的基础上而来。变单纯的灌输知识为学习知识的同时，培养儿童的创新精神和实践能力；变枯燥无味的自读作业为全体儿童主动参与实践活动的体验式作业。让儿童在放松的学习环境中，完成综合性的作业，从而展开想象，进行创造，做到了"人人学表演，人人会表演，人人爱表演，在表演中体验，在体验中学习。"

三、体验式作业的实践操作

作业应该要尊重儿童情感上的体验，我们布置作业不能仅仅围绕着知识的巩固，而是要通过作业的布置，让儿童能运用多感官、全方位、多角度地感知和认识事物。教师要多层次地设计体验式作业，让作业更受儿童欢迎。

（一）活动与表演，让作业展示立体能力

一些课文故事情节性强，富有童趣，如果设计课本剧的编排和表演，儿童一定会很有兴趣。有些故事里的人物个性鲜明，情节跌宕起伏，可以让儿童自行发挥合理想象，创编符合人物身份的台词，进行编排表演。这样的作业，既能够深化儿童对人物行为和心理的理解，也能够激发儿童展现自己能力的欲望。还有些课文设了开放性结局，也可以让儿童尝试续编课文故事，与他人分享，体会创作的乐趣，使作业富有情趣和感染力。儿童在完成体验式作业的过程中玩得开心，学得

开心，每个儿童的热情都格外高涨。这个作业的设计也彰显了体验性，儿童用自己的理解在个性化地诠释文本内容，从根本上提高儿童的学习素质。

（二）实践与操作，让作业深化学习效果

纯讲解的学习效果、纯书面的作业效果都不够好，我们给孩子布置的作业，要想状态佳，应该有意识地多些实践层面、操作层面的作业，从而促进儿童眼、耳、手、脑等多种感官的协同活动。让儿童通过自己的体验和表演，寻找并体验到生活中的有趣现象。这种体验式类型的作业还能培养他们善于发现、勤于思考的品质。教师要想办法让作业成为儿童生活中的乐事、趣事，激活儿童的思维，迸发出创新的火花，把作业变成艺术品。

（三）合作与创新，让作业绽放最美花朵

父母是孩子的第一任老师，通过让孩子和家长互动合作完成任务，可以弥补教师传授知识的局限性，也能很好地进行语文实践的要求，作业形式可以是亲子交流、亲子阅读、亲子表演、亲子活动等。这样的合作促进两辈人之间相互了解相互关爱，让呆板的作业饱含浓浓的亲情。亲子之间的合作体验也会让作业增效数倍，开展专题体验式的亲子表演，才能让儿童读得精心，读得精辟。

总之，体验是伴随着积极心理活动、寻求未知的实践过程，是获取直接知识、形成学习能力、唤起创造潜能的基本途径，符合教育教学的本真。体验式作业拓宽了作业的内涵和功能，培养儿童学习实践的主动性和积极性，让作业变得亲切可爱。

（撰稿者：朱雅君　张丽萍）

第四章

自主式作业： 提升儿童自我效能感

　　自主式作业是儿童依照教师设计的作业范围，根据自己的兴趣爱好、认知风格和学习水平，自主选择作业内容、作业完成形式；同时儿童根据作业要求，自主管理作业完成过程。自主式作业设计时，教师通过创设与儿童已有知识经验相适应的问题，引起儿童的认知冲突，引导儿童积极探索、大胆实践，激发儿童求知欲。在儿童完成自主式作业的过程中，教师还需适时引导儿童生成意义、建构知识。

自主式作业以儿童不同智能类型为设计依据,注重协调教师指导性和儿童能动性,统一儿童个性化和自主化。儿童在完成自主式作业的过程中,有更多机会自主选择、决定、思考、创造、运用。自主式作业力求实现儿童全面发展和个性发展相结合,提升儿童自我效能感,让儿童获得更多的学习兴趣和更强的学习动机。

一、自主式作业的理念与意义

　　自主式作业是儿童依照教师设计的作业范围,根据自己的兴趣爱好、认知风格和学习水平,自主选择作业内容、作业完成形式;同时根据作业要求,自主管理作业完成过程。自主式作业发挥或挖掘儿童不同的多元智能,从而服务于儿童素养发展。是教师在解读教材、分析教材、了解学情后,进一步整合教学目标,选取适切的学习内容,基于班级学情设计的。

　　加德纳的多元智力理论认为:每一位学习者的智力都各具特点,有自己独特的表现形式,有自己的学习类型和学习方法。[①] 自主式作业以发现儿童不同智能类型为设计的依据和标准。设计过程中,教师从多方位、多角度观察并分析学情,了解儿童的智力倾向。再设计尊重儿童差异性的作业。通过"观察-分析-重构"激发儿童完成作业的主动性。

　　在多元智能视角下,本文的自主式作业的类型包括:

(一) 语言与交往类自主式作业
　　该类作业结合多元智能理论中的言语—语言智能及交往—交流智能内容。

---

① Gardner, H. Farmes of Mind: The Theory of Multiple Intelligences [M]. Basic Books, 1983.

作业完成需要儿童在团队合作中充分沟通、交际。以训练交往能力和语言输出能力为主。比如：片段演绎、课本剧表演。

（二）音乐与动觉类自主式作业

该类作业结合多元智能理论中的音乐—节奏智能和身体—动觉智能内容。作业完成需要儿童通过构思和推敲，在音乐律动中，记忆和运用所学知识。比如：编唱歌谣、做身体律动操。

（三）空间与观察类自主式作业

该类作业结合多元智能理论中的自然观察智能与视觉—空间智能内容。作业完成需要儿童通过调查、观察等方式收集素材或准备材料。比如：完成调查问卷、制作手工模型（道具）。

（四）逻辑与自省类自主式作业

该类作业结合多元智能理论中的自知—自省智能与逻辑—数理智能内容。作业完成需要儿童感知事物之间的关系和联系，通过自身的理解，梳理知识线索，建构知识体系。比如：制作学科小报纸、绘制思维导图。

学习过程中，儿童现有发展水平与即将达到的发展水平之间的区域，就是最近发展区①。这是教师在教学过程中需要特别注意的区域。两种发展水平需要在有学习者参与的动态活动中，才能表现出来。自主式作业设计基于儿童已有的学习基础，考虑其最近发展区，注重新知带旧知。同时作业有预见性，符合最近发展区的"i + 1"的原则，促进思考，为后继学习做好铺垫。儿童在动态作业和静态作业相结合的模式下，得到真实的实践和参与，实现各方面智能的互补和发展。自主式作业更聚焦学习过程，自我效能的提升。充分尊重儿童的自我判断力和创造力，给予更多的作业空间，赋予更多学习主动权。儿童在完成学习任务、规划学习活动以及完成学习目标的过程中，强化主观学习动机，养成良好的学习习惯，不断理解并内化学科知识，构建学科思维方法，形成情感态度价值观，实现自我效能、

① Vygotsky L S. Mind in Society [M]. Harvard University Press，1978.

自我赋能、自我释能。

二、自主式作业的设计方法

自主式作业设计要凸显儿童作业过程中的自主性,同时兼顾儿童不同智能特点,促进儿童发展。设计自主式作业需要研读课标、教材,选取合适的教学内容,保证儿童自主选择权。

(一) 自主式作业设计要则

为了凸显自主式作业的效应,设计过程中需注意以下三个设计原则。一是课堂学习与课后作业相补充原则。自主式作业以尊重儿童不同智能为前提。根据学情,在一定作业要求下,以学习目标为导向,适当提升或降低学习目标。儿童通过主动挑选不同模式作业,创生出更具有个人特点,符合自身特长的作业。二是个性化和自主化相统一原则。自主式作业也是检测和补充课堂学习情况的工具。儿童在完成自主式作业的过程中,获得更多开拓眼界的机会,进一步完善知识结构,构建知识框架。并根据给出的作业评价标准,通过自评、互评的方式主动进行评价、反馈,从彼此的作业中互相学习,获得更有针对性、建设性的意见,以促进自身相对较弱智能的发展。学生变被动为主动,进行自我作业管理。三是指导性和能动性相协调原则。教师的专业指导能促使儿童更好地完成自主式作业。教师布置自主式作业前,向儿童清晰地说明要求。反馈该作业时,向儿童清晰地说明评价方式。儿童通过完成自主式作业,获得发挥主体能动性的机会。能够有时间、有机会,去选择、决定,去思考、体验、感悟,去创造、实践、应用。同时儿童通过自主探究和自主思考,主动地调整自己的作业策略和努力程度。

(二) 例说:英语自主式作业设计

自主式作业通过给儿童创设一定的情境,引出所要学习巩固的语言知识。基于儿童的不同智能和类型为作业设计的依据和标准。提倡引导儿童以探究式、开放式的方法自主解决问题。

本文以《牛津英语(上海版)》2A Modue3 Unit2 In my room 为例,通过分析课标、教材以及主题适切的学习内容,设计语言与交往类自主式作业。

作业要求应与教学目标和教学内容相一致,为给予儿童更多学习空间,激发儿童主动学习,本作业设计前,教师从多方位、多角度观察分析学情,了解儿童智力倾向。最终形成 A 和 B 两种作业形式,供儿童选择。

案例 4-1

Oxford English　2AM3U2 In my room
牛津英语二年级 Step by step(A)

I. Learn the sound 了解辅音字母的读音规则

Step1　Look and read 看图读一读单词,填入所缺字母,感受字母的发音(学习要求 A)

Step 2　Listen and follow 听录音正确跟读儿歌(学习要求 A)

Paula has an orange.
It's on a plate.
It's for her pig.
Her pig is fat and big.
Oink, oink, oink!

II. Talk about the things in Ben's room 说一说 Ben 房间的物品

Step1　Look and say 将 Ben 房间物品的名卡补充完整(学习要求 B)

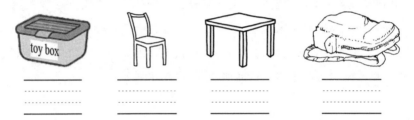

---------- ---------- ---------- ----------
---------- ---------- ---------- ----------

Step2　Say and act 扮演房间中的物品，并思考他们正确的摆放位置
（学习要求 B）

III. Clean the room 整理房间

Choose and say 扮演 Danny 或 Kitty 整理房间(学习要求 C)

Clearly	语音语调正确	★
Fluently	语音语调正确，表达流利	★ ★
Nicely	语音正确，语调优美，表达流利	★ ★ ★

Oxford English　2AM3U2　In my room
牛津英语二年级　Step by step(B)

I. Learn the sound 了解辅音字母的读音规则

Step1　Read and write 正确朗读并抄写字母(学习要求 A)

P p _____　　O o _____

Step2　Listen and complete 听录音,根据发音完成儿歌(学习要求 A)

__aula has an __range.
It's __n a __late.
It's for her __ig.
Her __ig is fat and big.
__ink, __ink, __ink !

Step3　Think and say 想一想还有哪些单词含有这些发音呢（学习要求 A）

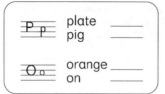

可以和你的小伙伴或者爸爸妈妈比一比，看看谁说的多

II.　Talk about the things in the room 说一说房间的物品

Step1　Read and say 读一读单词,完成连线(学习要求 B)

| box | desk | chair | bag |

Step2　Listen and circle 听对话,圈出正确的图片,并选择一幅图片说一说(学习要求 B)

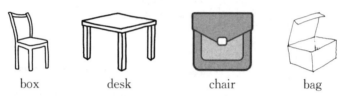

A: Put...in/on...
B:OK/Yes/All right.

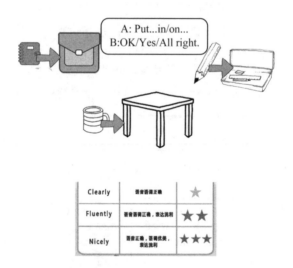

Clearly	语音语调正确	★
Fluently	语音语调正确，表达流利	★★
Nicely	语音正确，语调优美，表达流利	★★★

III.　Let's clean the room 整理房间

Take a video 你能自己整理房间吗? 向同学们展示你整理房间的本领吧。(学习要求 C)

Look at my room.
Put...in...
..., ...
Put...on...
..., ...
It's clean.

　　上述案例中，教师基于儿童已有学习基础、认知水平和学习能力，结合语音、词汇、词法、句法、语篇五个板块的教学目标和内容，将作业划分为三个板块任务。同时为了更好凸显作业自主、个性的特点，教师在尊重每位儿童差异和发展规律的基础上，利用同一单元内容，设置了作业 A 和作业 B 两份作业。儿童可以根据确定的选择范围，自主选择作业，体会到教师给予的尊重与信任，体会到作业的快乐。

　　案例中，语音板块作业涉及本单元字母发音、字母书写以及儿歌朗读等。选择作业 A 的儿童，在课后通过自主完成单词跟读，填入所缺字母等学习任务，感知字母发音，积极思考，逐步形成积极主动的学习态度；一些喜欢挑战的儿童，可选择作业 B 中的想一想，比一比，通过游戏的方式检验评价学业成果。两份语音作业具有一致性和选择性，通过多元的形式，激励儿童开动脑筋，形成自主学习意识，培养自主学习能力，又进一步提升儿童的语用能力。其次是词汇、词法与句法板块作业。作业 A 创设童话色彩的语境，引导儿童自主选择房间中摆放不恰当的物品，并能从外貌特征、方位等方面进行描述，有助于儿童观察力和洞悉力的培养。作业 B 更倾向知识技能的练习，通过听力文本，引导儿童对物品的位置给出建议。儿童通过丰富的作业形式，在积累语言知识的同时自主选择，提升"听说读写"的兴趣，自主表达想法与思维，逐步提升自身的综合语用能力，建立学习自信。

案例中的综合语用任务板块，希望通过"个性化"的引导儿童养成综合素养的作业，让成长变成儿童自己的事。因此，在完成作业任务的过程中，儿童可根据作业 A 和 B 的要求，自主决定作业方式，儿童可以选择扮演故事主人公演绎故事，也可邀请父母或同伴一起运用学到的语言知识，参与整理房间的活动。这样的设计在减轻儿童作业负担和心理压力的同时，能够引导儿童自主劳动，将房间整理整洁；在拓宽儿童学习能力的同时，培养良好的实践能力、生活习惯以及积极主动的学习态度。让儿童在"作"中有乐，"业"中有得。

（三）自主式作业设计分析

本例自主式作业设计，较好地契合了低年段儿童的认知和多元智能特点。教师延续课中语境，通过听、说、读、写、画、演等丰富的作业形式，引导儿童在真实的语境中，自主选择作业内容、形式。学生通过完成作业任务，逐步养成收集处理信息能力、分析解决问题能力以及交流合作能力。教师在这一过程中，对作业评价进行了规范说明，引导儿童通过自评、互评、师评的方式反馈学业成果，以此激励儿童开动脑筋，形成自主学习意识，培养自主学习能力，又进一步扩充儿童的知识面，提升语言能力。

三、自主式作业的具体实践

每一次作业都是儿童发展的生长点，看似小小的作业，因与儿童成长联系在一起，才具有了无限的意义。每一位儿童的智力都各具特点并有其独特表现形式。在自主作业设计的过程中，教师希望通过让儿童自主选择作业的内容、作业完成的形式，来发挥儿童的主动性，加强儿童的自我效能感，让学习真正发生。

第一，确定范围，有规则的自主。作业设计要基于作业完成对象的年龄特征，如果片面强调小学阶段儿童的学习主动性，忽视教师主导作用，往往会使儿童的学习陷入盲目探索。因此，在设计自主作业的过程中，教师应以儿童的个性为前提，以学习目标为导向，向儿童明确自主选择空间以及作业要求，并通过学法指导与宏观调控，充分调动各个层面儿童学习的主动性和创造性，以不断提高学习的幸福指数。在过程中教师也应及时倡导自主评价，自主管理的概念，逐步向儿童渗透规则意识。教师给出规范的评价标准，引导儿童通过自评、互评的方式进行评价、反馈。让儿童在完成综合任务的过程中学会选择、尝试、创造，形成思考与感悟，进而将外在知识或规则内化为自身的心智运演和认知图式，通过改进自身的学习活动，改进自己的思考、感知和行为方式，促进多元智能的发展。

第二，鼓励创新，可持续的发展。 透过作业折射出的不仅有儿童的成长，更有教师对于作业的认识。自主式作业鼓励教师着眼于培养儿童终身学习的愿望和能力，充分尊重儿童的个性差异，在多样性教育中为儿童提供选择的条件。因此，教师在作业设计过程中，需不断钻研创新，把基础与拓展有机融入自主作业的设计空间中，使每位儿童的个性和才能都得到最大限度的发展，享受学习的快乐。同时教师在实践中也增强了对教学的自我意识，建构起了自己对教学的理解。

以生为本，顺学自作，将作业的效能发挥最大值，让每一位儿童在作业中加强自我效能感，收获快乐，是每一位教师都要认真思考和积极探索的永恒课题。

（撰稿者：包敏婕　仇剑）

第五章

创智类作业：提升孩子综合能力

孩子综合能力的提升是在内化知识、自主探究、解决问题的过程中逐步形成的。创智类作业把孩子看做发展中的人，注重孩子内化理性知识为综合能力。设计创智类作业以孩子转识成智为主线、以师生交流互动为主体，使得孩子的思维递进可视化成为现实。

作业是学习的重要组成部分,是孩子进一步理解知识,获得更深层次发展的有效途径,同时也是孩子彰显个性的舞台、师生沟通的桥梁。在课堂中,学习真实地发生,孩子通过完成具有"孩子立场""追求开放""实践旨趣"特征的创智类作业,提升开放性思维品质和解决实际问题的综合能力,形成 21 世纪孩子的核心素养。

一、创智类作业的生长内涵

创智类作业即创生智慧的作业,本文将创智类作业定为:教师依据教材内容、课程标准、课堂生成性资源,对应思维发展属性,以孩子为主体,基于学情,经过选择、研究、改编、创新等过程形成的作业。在促使孩子获得"真理性认识"的同时,能够"转识成智",即指将理性层次的知识转化为有助于提升开放性思维品质和解决实际问题的综合能力的所有作业。

创智类作业的操作流程是孩子"内化知识——自主探究——解决问题——提升能力"的学习过程。相比其他类型的作业,创智类作业关注了人的发展,把孩子看做发展中的人,注重孩子内化理性知识为综合能力的过程,努力提升孩子的某一核心素养。因此,具备以下三方面的关键特征:

(一) 重视孩子视角

孩子是发展中的人,创智类作业基于孩子本身对真理性知识的认识,从孩子观察生活和思考问题的角度出发,教师引导孩子们积极探索理性层次的知识,在交流、互动中不断提升孩子解决问题的思维方式、思想方法。创智类作业设计将孩子从机械性重复操练的轨道上解脱出来,取而代之的是"以孩子'转识成智'为主线、以师生交流互动为主体"的作业方式。在完成作业的过程中,孩子会把自己个性化的理解融入作业中，使得概念式生硬知识构建的过程转化为生动的、与自身原有经验链接、主动产生关注运用的探究性、生成性、趣味性思考，从而创生出能探究生活中蕴含的问题、会通过内省构建的知识去解释一些生活问题的综合能力。

创智类作业在书本知识和孩子的生活实际、原有经验之间架起一座桥梁时，孩子可以动手实践进行体验、可以根据资料写出自己的理解、可以和父母一起互动、还可以记录整理自己的学习成果等。创智类作业关注他们内心需求，由原来的被动作业变成了主动尝试，从孩子视角出发的作业才真正有利于孩子保持积极主动的学习状态。

（二）注重转化过程

创智类作业注重"创生智慧"的过程，以提升孩子的开放性思维品质和解决实际问题的综合能力为其目的之一，致力于超越传统机械化的作业。为此，教师通过设计"注重转化过程"，即"注重'转识成智'过程"的作业，引导孩子将开放性思维注入学科知识内化体系，发展学生阐发观点、创造观点的技能，作业的生活化情境为孩子创设了宽松的氛围，让他们可以用自己的眼光观察、分析，也可以广泛搜集课外资源补充、完善自己的观点。

同时让孩子的思维经历反思、探究、批判以及最终解决实际问题的过程。从而体现了过程和结果的关系，创智类作业重视孩子的直接体验，体现了直接经验和间接体验之间的关系，使得孩子的思维递进可视化成为现实。其过程性目标的深度落实，培养了孩子的思维品质和应用意识，并非只有课堂是"创生智慧"的主阵地，留给孩子富有"创生智慧"性的书面作业同样可以改变学生的学习方式，激发孩子的学习兴趣，挖掘学生的潜能。

（三）落地核心素养

中国发展核心素养是以培养"全面发展的人"为核心，本文中所定义的"创智类作业"，其终极目标正是让科学精神、学会学习、实践创新等过程成为核心素养落地的有效途径，发展孩子应具备的、能够适应终身发展和社会发展需要的必备的关键能力。

核心素养的发展奠定了理性层面的知识基础，但并不是有了知识就等于发展了核心素养。"创智类作业"充分弥补了课堂教学时间的不足，允许孩子在课外进行资料搜集和整理，或者参加社会调查活动，能够帮助孩子了解社会、认识社会，用知识去解释、分析社会，使他们感受到生活离不开所学的知识，学会用学习理论知识时的思维方式指导我们的生活和实践。提升核心素养不在一朝一夕，随着时间的推移，孩子对知识点的掌握、理解、应用会更加扎实、准确，学习会更加深入和全面。

二、创智类作业的研究设计

作业设计应尊重孩子的个性发展，让作业不成为孩子的包袱，真正达到有效的目的，让孩子带着热情，在快乐中学习。因此，创智类作业作为作业变革中的一类，它的设计需要教师认真研读教材内容、课程标准或课程纲要，评估孩子的生成性资源，以多种形式和途径创编、调整或自主研发作业。

为凸显创智类作业的效应，我们在设计过程中需要遵循以下设计要则：**孩子立场**。创智类作业的设计从孩子视角出发，与孩子们的教材携手奋进。自创完全独立的作业体系不如利用已有教材的整体结构，利用好教材的优势，在其基础上进行摸索研究，与孩子们的课堂所学相契合。关注孩子的兴趣和经验，设计具有整体性和连贯性的作业文本，能有效反映知识的形成过程，使孩子在获得基本知识与技能的同时，发展开放性思维能力、解决实际问题的综合能力。**追求开放**。创智类作业要实现开放性，就要尽可能地减少作业中强制性、统一性和重复性的内容，尽可能满足多层面孩子的需求，通过让孩子自主决定、自主选择、自主探究，在多种答案或多种形式亦或是多种环境中灵活运用所学知识，将真理性知识应用于更广阔的思维空间，孩子能够感知到作业的答案绝不是封闭式的"非此即彼"。它既融入教师的有效导向，又渗透思考方法、发散孩子思维、开放个性，并最终形成一个比较系统的作业体系，更有效地应对孩子发展。**实践旨趣**。创智类作业的设计要能在开放性问题的引领下，基于自身知识经验、思维方式展开探索，从而培养解决实际问题的综合能力。在这类作业中孩子试图解决的是有指向性、有主题性、承载着探究任务的创智性问题。它通过培养孩子的思维能力来提升孩子创生智慧的能力,并注重呈现孩子的整个自主学习过程,使孩子在整个探索的过程中,进一步获取、理解、巩固、拓展知识。它追求一种转变学习经历后所留下的反馈,强调学习是求知、发展和实践融为一体的学习活动。学习者通过创智类作业发展自身思维品质和综合能力,积极创生出自己的作品,以实现实践结果的诞生。

数学课程标准中指出"数学课程不仅应重视教学的内容和要求,更应充分关注课程中的学习过程,创设有利于孩子、教师发挥主体性和创造性的条件。"因此,创智类作业的设计应注重以生为本,基于课标与学情,结合孩子已有的知识基础和生活经验,设计出新颖、有趣、开放的新型作业,在作业的过程中逐渐培育孩子的开放性高阶思维能力,引导孩子在任务驱动下的实践中探究问题,从而产生生成性问题。同时,旨在有效提高孩子的数学思维能力和解决实际问题的综合能力。

在创智类作业设计中,教师为孩子探索求知创设了生活化的情境,重视从问题出发、设计以解决生活实际问题为主的数学学习认识过程,向孩子提供丰富的学习资源、自主探究的时间、共同探究的合作者以及必要的指导和帮助,使孩子的真理性知识的认知得以系统性、全面性地获得,开放性思维品质得以培养与提升,在真实有效情境中解决生活实际问题的综合能力得以呈现,并在数学学习中三者得到和谐统一。

创智类作业设计的基本思路中,"分析教材""分析学情""评估学生生成性资源"是教师在进行创智类作业设计时的必要步骤。从评估课堂中学生直接反馈的资源为起点、生成目标为导向,设计具有生动性、开放性、实践性的创智类作业,旨在合理确定创智类作业目标、设计展现知识的发生、思维的发散、应用的发展的作业实施过程。而最终所设计作业的合理有效性将通过作业实施后的反思、分析与优化得以检验。(见图 5 - 1)

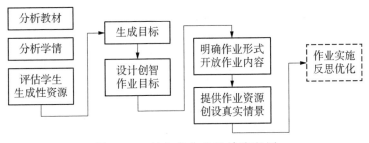

图 5 - 1 创智类作业设计流程图

下文以沪教版二年级数学"流程图"为例,具体阐述创智类作业的设计方法和设计要则。

(一) 评估孩子生成性资源

从孩子视角出发所设计的创智类作业以学科知识为基础,但又不被学科知识所限制,通过评估孩子已有的生活经验和知识基础在认知建构中的地位,在设计作业前充分利用课程实施中师生、生生之间的互动与交往所生成的资源。

案例 5-1

九年义务教育课本沪教版二年级数学下册第七单元
流程图(1)

所属单元:七、整理与提高——数学广场

流程图(1)是在三位数加减法的计算基础上,围绕更深层次的逻辑图示阅读与操作展开:

本课例在孩子玩游戏的体验中理解认识流程图;在三次游戏的过程中同伴分享、发现直觉;在师生、生生真实对话的情境中不断吸取经验、调整策略最终悟出游戏获胜的方法,促进孩子的逻辑思维由低层次向高层次逐步发展,在课堂中孩子发展了有序思考、逻辑思维等思维品质的同时,初步萌生规则意识。

生成性资源反馈:

表 5-1 教学目标-生成性资源-创智作业目标

孩子活动	生成性反馈			
第一次游戏:同桌两人掷一次数点块得到同样的三个点数,并对这三个点数自	生 1:		生 2:	
	造的数	646	造的数	466
	结果数	296	结果数	816
	游戏结束后,几乎每组同学都有胜负。			

孩子活动	生成性反馈
行组合造出一个三位数，然后各自按流程图进行操作得出结果数。	评估：在游戏之前对胜负没有明确的意识，此时，孩子只能够按照流程图执行不同的指令，说明孩子已经初步认识流程图，能看懂简单的流程图，并能根据流程图进行准确操作。
第二次游戏：在第一次游戏的经验以及同学交流获胜原因的基础上，孩子对于如何赢得比赛有了一定的思考。	生1：百位必须要比5小一点，最好是4，这样就可以加350，其他两位也要大一点，这样可以获得胜利。 生2：如果掷出的数有5和6，就把6放在十位，把5放在个位，如果有比5小的数比如4、3就放在百位。 生3：如果掷出两个比5小的数就将其中一个最大的放在百位，如果第三个数是大的就放在十位。
	评估：有几组同学是平局，这意味着孩子已经开始有意识地造数。孩子开始理解、运用流程图的相关知识，不断生发理性思维、批判质疑等思维能力。
第三次游戏：在孩子分享思考、分享想法的过程中逐渐生成了对流程图规则的感悟。	第一组掷出的点数：5、4、2；两位同学造的数：452；得到的结果数：802。 第二组掷出的点数：3、1、6；两位同学造的数：361；得到的结果数：711。 第三组掷出的点数：6、5、3；两位同学造的数：365；得到的结果数：715。
	评估：感悟了游戏规则与造的数之间的关系后，第三次游戏孩子利用规则有意识地"玩"，调动已知经验、调整造数策略使自己赢得游戏。

孩子在课堂中分享对流程图规则的理解，经历初步感知到归纳策略的学习过程。在设计作业时，教师需要准确把握孩子从无意识到有意识的生成性资源，结合生活实际情景，进一步渗透规则意识，提升思维品质，让孩子通过合作交流、思考探究、实践体验将内在的学习经验外显。

（二）创智类作业目标设定

根据教学目标、教学内容以及孩子生成性资源的反馈梳理，使课堂教学有效拓展与延伸，生成性资源来自教师、孩子或互动时的无意生成，在教材中无法寻找。从教学目标走向设计创智作业目标,其中的桥梁正是孩子课堂生成性反馈资源。

表5-2 教学目标-生成性资源-创智作业目标

项　　目	内　　容
学习内容	流程图(1)
教学目标	1. 通过交流,初步认识流程图,能看懂简单的流程图,并能根据流程图进行准确操作。 2. 能够根据流程图及游戏图表上确定的指令、进程进行三位数加减法运算。 3. 在认识流程图的过程中培养规则意识,能看懂符号语言并判断执行。让孩子能够体验计算机语音雏形,提升运算能力。
生成性资源	1. 孩子已经初步认识并能看懂流程图,能根据流程图进行准确操作。 2. 通过三次游戏,"从无到有"地建立了对本例中游戏活动任务的规则意识。 3. 拥有基础性有序思考、逻辑思考的能力。
创智作业目标	1. 巩固课堂习得,学会运用流程图的相关知识并迁移。 2. 联系生活实际问题,通过实践体验,初步建立生活中的数学模型,促使孩子将理性层次的知识转化为解决实际生活问题的能力。 3. 提高孩子开放性思维能力。

(三) 明确作业形式　开放作业内容

创智作业目标导向下的作业设计需要明确基础式、合作式、游戏式、实践式等作业形式,将作业属性从知识迁移、思维开放、解决问题三方面进行合理性规划与设计,从而使作业内容得以开放。借助创智作业设计属性表检验作业内容是否符合创智作业设计目标。

表5-3 创智作业设计属性表

作业项	项目	内容
创智作业内容:	对应目标	创智作业目标1
	作业属性	□形成知识正迁移 □培养开放性思维 □解决问题的能力

作业项	项目	内容
	作业水平	□知道　□理解 □应用　□综合
	完成时间	（　　）分钟
	作业形式	□基础式 □合作式 □游戏式 □实践式

（四）提供作业资源　创设真实情境

根据作业属性的明确,搜集、排摸具有"转识成智"特性的作业资源,作业资源可来自教材、校园生活,把活用知识、训练思维、实践生活寓于之中。有效地扩宽孩子的学习空间,使他们创生出属于自己的智慧。（见图5-2）

图5-2　创智类作业形成图

（五）创智类作业的案例呈现与分析

案例5-2

九年制义务教育课本数学二年级第二学期(试用本)
数学广场——流程图(1)

班级：　　　　姓名：　　　　学号：

1. 小丁丁掷出：

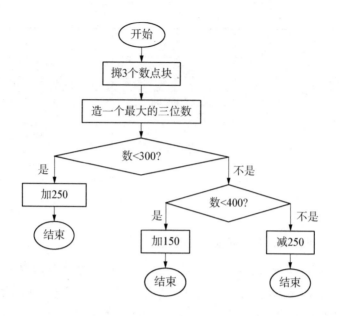

他造的数是：_____；得到的结果数是：_____。

2. 火眼金睛

森林公园旅游车的载客规则如下：红色列车限载 192 人，蓝色列车限载 288 人，如超出规定人数则无法乘车。小巧对此设计了如下的流程图，请你仔细观察她设计的对吗？如果不对请你在图上改正。

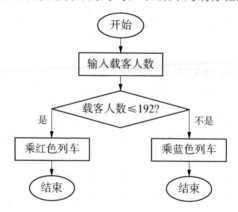

3. 小小设计师

请你和你的父母或者小伙伴们一起寻找生活中合适的情景，并根据所学的知识，设计一个简单流程图。

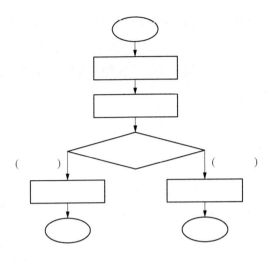

　　本例创智作业结合二年级数学第二学期"流程图"的教学环节、依据学生课堂生成的"规则意识"进行设计。教师针对不同层次孩子的学习能力水平，设计三道递进式的创智类作业。作业内容涵盖课堂教学的巩固与提高、实践与体验、延伸与拓展。首先，衔接课堂教学内容进行拓展设计，增加一个判断框，使孩子巩固课堂习得，学会运用流程图的规则并迁移；然后联系生活实际问题，通过孩子的实践体验，融入生活中的规则，初步建立数学模型；最后在此基础上设计多元开放式作业，激发孩子的发散性思维，使其从生活中寻找数学问题，并自创规则，以流程图为载体进行反馈。三道创智作业的设计构成较为完整的逻辑架构，形成不同孩子的不同学习体验，促使孩子转识成智，将理性层次的知识转化为解决实际生活问题的能力。

三、创智类作业的实践应用

　　作业作为课堂教学的延续，是检测孩子课堂学习效率与知识运用能力的重要手段，是评估孩子知识与能力的重要载体，也是孩子通过实践转化真理性认知反馈出的学习成果。其最终所要达到的目标就是基于教材内容和课堂学习，孩子通过实践体验以作业来反馈过程性的显性表达，构建更全面、更有针对性的知识经验、思维方式以及提升解决问题的能力。在创智类作业实践与操作的过程中，需要注意以下几个方面：

（一）因材施教，作业分维度

基于孩子真实学情，优化创智作业设计。发展性教学理论认为：每个孩子都是独特的个体，差异是一种教育资源。因此，教师在设计此类作业时，需思考如何利用好这种教育资源，以孩子为主体，因材施教。作业的设计除了结合课堂的生成性资源以及课堂教学层层递进外，还要结合孩子的身心特点、现有的知识水平、实际生活经验等综合考量，精心研究设计，形成有效的作业，力求能够满足不同层次孩子对作业的不同需求，激发孩子的深度学习。在注重基础知识运用的同时，关注数学思维的培育以及数学能力的培养。

（二）形式多变，作业分时段

创智作业的设计是以课堂教学的生成为起点进行设计的。因此作业的使用一般留在课后，并且注意作业完成的形式，巩固型作业内容教师可以让孩子独立完成，贴近生活实际的作业教师可让孩子通过实践体验后再完成，而开放性作业教师可让孩子与他人合作讨论完成。上述案例中的作业设计采用的是课后完成，对于课堂前置作业设计和课中随堂作业的设计并未涉及。在今后的实践过程中，教师可以结合教学内容和课堂教学环节，设计适应孩子认知发展规律的课堂前置作业和课中随堂作业，使孩子能更主动地构建和生成知识体系。

（三）结合实际，提高解决问题能力

创智作业的设计旨在选择合适的教学内容，利用课堂生成性资源进行适当拓展设计。同时题型兼顾课堂知识的延伸并结合生活实际，在培养孩子发散性思维能力的同时提高解决生活实际问题的能力。

上述案例中的流程图，是程序流程图的最基本结构，而程序框图的设计是在处理流程图的基础上，通过对输入输出数据和处理过程的详细分析，将计算机的主要运行步骤和内容标识出来的过程。"流程图"一课的学习初步渗透了规则意识,帮助孩子形成科学、严密的逻辑思维。右图(图5-3)是一个孩子的作业反馈,其实他对流程图的修改并不是很完美。但是从他保留着的草稿痕迹中,不难发现他分析了各种各样的人数情况。其实当人数小于等于192时,红色列车和蓝色列车都可以乘坐,他发现了这一点,将左边的执行框进行的第

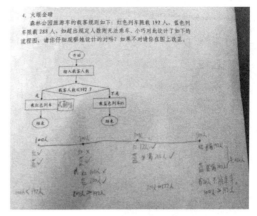

图5-3 学生作业反馈

一步的修改。当人数大于192人时存在两种情况,超过288人或少于等于288人。在他枚举的过程中刚好有3个这样的数,分别是200、300和500,对于二年级的孩子来说要他第一时间抓到288这个数字并且作为第二个判断框来说是存在很大难度的。但是枚举的3个数都是非常具有代表性,最后他找到了关键性的288,将它写在了"乘蓝色列车"的执行框中,只是离把它改成判断框,再将两种情况分开讨论还有一定距离。本题看似简单,但是从第一题进行多次判断后,我们需要从多重视角、多个侧面、多种因素、多方向地进行思考和论证,让思维的视野更加开阔,并且结合生活实际的情况进行分析,在思考的过程中提升孩子解决问题的能力。

(四) 多维开放,丰富作业评价方式

1. 多元化

创智类作业的评价方式区别于以往传统教学评价方式。旨在为孩子提供充分的从事数学活动的机会,提高孩子参与课堂教学活动的积极性,使孩子融入课堂,成为课堂的主人,教师则是作为引路人,帮助他们在探索和交流的过程中真正理解、掌握,从而获得广泛的学习活动经验。因此,让孩子参与作业评价,发挥他们的主观能动性可以帮助他们在探索和交流中得到成长。

创智作业的评价主体是多元化的,不局限于师评,力求增强评价主体间的互

动、建立交互作用的评价制度，以多方面的反馈信息促进孩子的发展。在共同评价作业的过程中，让孩子在不知不觉的比较中发现问题、发现差距，进而改善自身、得到进步。

2. 人性化

创智作业的评价标准更为人性化，并充分体现最新教育观念和课程评价发展的趋势。重点关注孩子之间的差异性和发展的不同需求，促进孩子在原有水平上的提高和个性化的发展。评价重在激励，贵于引导，通过作业一系列的评价，促使孩子能及时了解学习的进步与不足，明确努力的方向，提高学习的自信心，形成积极乐观的情感态度价值观。

3. 过程化

传统作业的评价方式以纸笔考试为主，对孩子的评价往往更多的是对孩子学习结果的评价，过多地注重量化结果，对学习过程的评价甚少，也很少采用体现新评价思想的、质性的评价手段和方法。传统评价方式往往容易忽视孩子在各个时期的进步情况和努力程度，没有形成真正意义上的过程性评价，不能很好地发挥评价促进发展的功能。创智类作业评价方式是过程化的，将量化评价与质性评价方法相结合，以适应综合发展的评价需要。关注孩子成长过程中的点点滴滴，将过程性评价与总结性评价有机结合，而总结性的评价结果随着改进方案的确定成为下一次评价的起点，进入孩子成长发展的进程之中。

（五）理念转化，提升教师专业水平

作业对于孩子而言不仅仅是任务，更是机会，是锻炼能力的重要途径。创智作业的设计不是为了让孩子机械地重复做题，而是思考，寻找不同的解题方法，培养思维品质，提高解决问题的能力。同时根据孩子的能力与特点，有针对性地布置有效的作业，让每个孩子都能在完成作业的过程中有一定的收获。

创智作业设计，促使教师教育理念的转变。在创智作业的设计过程中，教师们发现师本位的教学理念与作业设计已经无法满足当下孩子的学习需求，孩子的思维品质难以得到提升。有品质的思维成果往往需要经过长期的知识积累、探索研究，甚至有时还需要经历多次的挫折方能取得，至于这个过程，则离不开繁多的推理、想象、感悟、直觉等思维活动。因此，教师们打破传统理念，以生本位重构创

智作业设计,通过不断研读教材和课程标准,梳理"教学内容-教学目标-学情分析-作业设计"的思路,从师本位到生本位,基于孩子真实情况、以孩子的眼光看待问题,设计出贴近孩子生活并且富含开放性思维的创智作业。

创智作业设计,促进教师专业水平的提升。创智作业的设计要求教师对教材的把握和解读有更深的理解,包括构建完整的知识体系,突出重难点,渗透学科核心素养等等。这就需要教师在选择创智作业内容时,首先领会教材的编写意图、章节特点,深挖教学内容中的关键点;其次注重前后知识的关联性,准确把握教学内容在整个教学体系中的地位和作用;最后明确教学重点和难点,并有效地突出重点、攻破难点。创智作业的重构让孩子的学习体验更加丰富,作业的形式更加多样,对教师的教学能力有了更高的要求,促进教师专业水平的提升和发展。

（撰稿者：李依娜　刘艳）

第六章

主题类作业： 引导儿童学会创新

　　随着时代的变迁与社会的进步，人们越来越注重对个人核心素养的塑造与追求。主题类作业聚焦核心素养，与儿童的生活实际紧密相关，更能体现探究性、实践性和创新性等价值追求。教师围绕某一主题设计、布置主题类作业，可以使儿童通过观察、体验、合作、探究等途径在生活化的情境中学会知识、提升能力，不断积蓄成长的力量。

主题类作业是指以儿童的自主学习活动为载体,围绕某一特定的内容或中心展开的一系列作业的总和,一般由多个有梯度的开放性学习任务组成。从时间跨度上看,完成主题类作业的时间相对较长,是一种"长作业",一般涵盖课前作业、课中作业和课后作业,贯穿某一学习阶段的全过程;从作业数量上看,主题类作业由多个子作业组成,是一种组合式作业;从作业形式上看,主题类作业项下的各子作业可以选用口头、书面、作品、活动等多种形式,是一种综合性作业。

一、主题类作业的理念与价值

(一) 概念界定

主题类作业设计是指,教师根据特定的教学目标,将知识或问题情境化,选择合适的主题或中心,开发形成作业的过程。设计主题类作业除了要遵循一般作业的设计流程外,还应将重点落在选取恰当的主题与切入点、创设生活化的情境和各子作业的设计上。教师应以情境为逻辑起点,沿着知识习得、思维发展、能力提升和素养培育的路径统筹规划子作业的排布。

(二) 教学价值

相较于其他类别的作业,主题类作业更加注重以下几个方面的价值追求。

1. 指向探究创新

习近平总书记提出,要"着重创新型、复合型和应用型人才培养"。主题类作业旨在为儿童搭建开展探究性学习的平台,探究即探索与研究。主题类作业通过创设生活化的情境,使儿童产生强烈的真实感和代入感,或激发学习兴趣,或引发认知冲突,以在真实情境中生成的问题为核心,引导儿童逐步"发现问题——分析问题——解决问题"。相较于传统作业,主题类作业更有助于使儿童形成持续的、自主学习的内驱力,逐步提高学习的效率,进而创生智慧、形成素养。

然而需要指出的是,问题的提出虽然是学习的起点,问题的解决却并非学习的终点。教师要注意在主题类作业中运用情境、范例、作业单、评价量表等形式铺设支架,引导儿童循序渐进,不断挑战自我,提高提出问题和解决问题的意识与能力。

2. 指向实践操作

如果说问题是学习的起点,那么实践就是知识和经验的源泉。在传统的教学中,书面作业的主要功能是巩固已学到的知识,并为后续的学习做好准备,也即人们常说的"温故而知新"。然而这样的作业功能单一且学习体验不佳,已无法适应新时代的育人需求。在知识习得的层面,目前已有大量研究表明,实践操作比起传统的机械性背诵更有助于知识的理解和记忆。在能力培养层面,主题类作业通过多样的形式唤醒儿童的感官与心灵,使其全身心地投入作业的全过程,提升感知力、合作力、执行力,进而培养儿童的综合实践能力。

3. 指向多元表达

当今社会正处于一个文化与价值多元的时代。儿童作为鲜活的生命个体,自由表达是其天然的心理需求。主题类作业没有标准化的答案,在表达的内容和方式上都不设限,鼓励儿童在作业的全过程中用自己喜欢或擅长的方式进行开放性的多元表达,既表达自己,也倾听、欣赏他人,从思维发展、观点形成、个性塑造和人际交往等多个方面促进儿童的全面发展。

二、主题类作业的设计原则与方法

(一)主题类作业的设计原则

任何类型作业的设计都需要在"基标""对标"、细化目标的基础上做到以下三点:第一,关注作业的结构、内容和形式;第二,关注作业的选择性和开放度;第三,关注作业的评价与反馈。除此以外,设计主题类作业还应当充分考量并遵循以下要则：

1. 整体性

教师在进行主题类作业设计时，应避免仅着眼于教科书中某一课的教学目标，应当运用系统性思维，聚焦本学科核心素养和学段要素水平，对某一阶段的各项目标进行梳理、提炼、重构和"包装"，选取合适的切入点，设计能够承载综合实践能力、核心素养等培养任务的主题。但也应避免走向另一个极端，即主题过于大而空。换句话说，主题的内涵可以足够丰富，但切入点一定要小。

2. 层次性

主题类作业是一种由多个作业组成的"长作业"形式，具有较强的时间和空间张力。因此，教师在设计主题类作业项下的多个具体学习任务时，要在各项作业的排布上花心思、下功夫。也就是说，需要考虑各任务之间的关联性与层次性，并不一定要按照难度由低到高进行排序，而应该将作业与课堂学习有机融合，体现在具体的情境下各作业任务之间的内在逻辑关系，力图覆盖儿童本阶段学习经历的全过程。

3. 多样性

基于前文所述主题类作业的三个价值取向，以及关注儿童发展、尊重儿童差异的考量，教师在设计主题类作业项下的各个学习任务时，应当充分考虑作业内容与形式的多样性，使每一个儿童都能在完成作业的过程中找到自己的兴趣点、特长点和发展点，体现儿童的主体地位，以期最终实现各项能力的全面提升。因此，教师在设计作业内容时，要兼顾学科知识、基本能力和思维发展等要素；在选择作业的形式时，要合理、多样，有趣味、有变化。

（二）主题类作业的设计方法

主题类作业的设计遵循作业设计的基本思路，即：设定作业目标——形成作业资源——确定作业形式——形成作业文本。此外，设计主题类作业时，教师应尽量做到站位高、格局大、立意远，充分关注对学生核心素养的培育，并在此基础上选取合适的主题和恰当的切入点。因此，在对常规作业的设计思路进行调整后，得出以下主题类作业的基本设计路径：

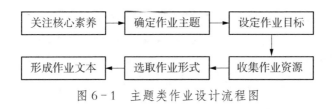

图 6-1　主题类作业设计流程图

下文以小学科学与技术学科"我和水有个约会"主题作业为例,具体阐述主题类作业的设计方法。

1. 关注核心素养

我们生活在一个科学与技术飞速发展的时代,人工智能、互联网＋等新科技将给人类的生活带来翻天覆地的变化。教育要面向未来,而越来越多的学者正在各种场合高呼"未来已来"。因此,不论是教育理念的革新亦或是学习方式的变革,都将也终将指向对儿童核心素养的培育。科学与技术课程是小学阶段一门综合性的基础课程,以培养儿童的科学素养为宗旨,进行科学与技术的启蒙教育。科学与技术课程以儿童能够亲历的自然、家庭、学校和社区等周围生活环境中的事物与现象为主要学习载体,以儿童乐于参与的探究活动和设计活动为课程的核心架构,涵盖七大模块的学习内容与要求。

2. 确定作业主题

"水"是我们身边一种重要而特殊的物质,教材"物质与材料"和"地球与环保"两大模块均涉及"水"的相关内容。根据儿童的认知特点,小学阶段将与"水"相关的学习内容分别设置在低年级和中高年级两个阶段,做螺旋上升式的学习。在小学中高年段,为了更好地提升儿童的综合实践能力,培育儿童崇尚真知、理性思维和勇于探究的核心素养,教师将教材内容进行梳理和统整,选取"我和水有个约会"为主题设计主题类作业,创设生活化的情境作为切入点,设计课前、课后和课中三项子作业,让儿童在完成作业的全过程中采用自主、合作与探究的学习方式,亲历"寻找水""描画水""剖析水"和"保护水"的过程,更好地去感受科学、技术、社会、环境及其相互之间的关系。

3. 设定作业目标

水是生命的源泉,是人类赖以生存且无可替代的营养物质。饮用水的好坏对健康也有着直接而深远的影响。在现实生活中,我们无法自由地选择阳光和空气,但是我们完全有条件选择健康的、符合自身需要的饮用水。此外,水是一种儿童生活中常见的物质,他们曾在以往的课堂上或各类科普读物中了解了一些有关水的知识,但这种认识是模糊而零散的,并不系统。至于对水与生命的联系、水资源保护等深层次问题的认识与思考,则需要教师通过精心的设计,创设更多有助于儿童认知的学习支架。鉴于此,教师根据儿童的年龄和认知特点,设定以下作业目标:学习水的常识,了解水中的营养以及水的生理健康功能;知道怎么喝水、喝多少水、喝什么水等科学饮水知识;形成健康生活、节约用水、保护水资源的意识,并采取一定的节水行动。

4. 收集作业资源

在确定作业目标后,教师重点围绕了解日常生活中的饮用水、我家的饮用水现状调查、我与家人的用水需求、我家的节水措施等方面收集作业资源,并对其进行筛选和改编。最终用于作业设计的资源有:用于情境创设的科普视频《生命之源》《中国水源地》《天然水与纯净水》《节水小妙招》;用于知识学习的教材内容与科普手册《水与生命》(按班级人数准备,每人一册);用于实验指导的操作视频《水测试实验步骤》;用于实验操作的器材 pH 试纸(按班级人数准备,每人一小包)。

此外,由于儿童随时随地都在与水"约会",因此在广阔的课外天地里,儿童家庭生活中对水的利用、市场中各类纯净水与矿泉水的销售等自然、家庭、学校和社区中的事物与现象也是本次主题类作业设计的环境资源。

5. 选取作业形式

教师从作业内容、作业特点和作业效果等角度综合考量,围绕"我和水有个约会"这一主题,采用调查收集、数据分析、知识梳理、科学实验等多样的形式,设计课前调查作业、课中实验作业和课后拓展作业,力求使作业任务形式多样、生动活泼、层层推进。

6. 形成作业文本

作业文本是作业设计最终呈现在学生面前的形式,教师可以根据实际的需求选取不同的表现形式。作业单因其形象直观、指导性强、携带方便等特点,成为了一种常用的作业文本形式。当然,在有条件的情况下,教师也可以将多个作业单整合起来,制作一本学习/活动手册。以下为教师设计的"我与水有个约会"主题作业,其中包含三项子作业六大任务。

案例 6-1

"寻找水"——课前主题作业设计案例

任务一：小小调查员(调查市场上的饮用水)

要求：小组合作,调查市场上各种饮用水的成分及其使用情况,完成任务单。

表6-1 市场上的饮用水调查表

类型	成分	水源地	家庭使用情况	简述选择理由
分饮用天然水、饮用天然矿泉水、饮用纯净水等	商品标签内注明的内容摘录	有就填写,无则写"无"	饮用范围(做饭、做菜、冲奶粉等)简单了解受众群体	营养、健康、价格等消费者常识问题

任务二：小小数学家(计算家庭成员体内的含水量)

1. 收集家人的年龄、性别和体重信息,并将其填入汇总表。

表6-2 家庭成员体内含水量汇总表

	年龄	性别	体重(千克)	体内水量占体重百分比	体内含水量
我					
爸爸					
妈妈					
其他成员					

2. 根据以下参照表, 将对应的体内水量占体重百分比填入汇总表。

表6-3　人体内含水量百分比参照表

年龄	体内水量占体重百分比	
	男性	女性
0—6 个月	74%	74%
6 个月—1 岁	60%	60%
2 岁	60%	60%
12—18 岁	59%	56%
19—50 岁	59%	50%
50 岁以上	56%	47%

3. 分别计算各家庭成员的体内含水量, 填入汇总表, 思考并讨论:
家里谁体内的含水量最多, 谁最少? 为什么?

案例6-2

"描画水""剖析水"——课中主题作业设计案例

任务一: 小小阅读者(阅读学习资料并梳理知识结构)

要求: 阅读科普读物《水与生命》, 采用思维导图等形式"描画水", 包括但不限于生命之水、水的生理健康功能以及水中的营养等内容, 并做组内和班级交流。

任务二: 小小科学家(了解天然水与纯净水的酸碱度区别)

1. 实验要求: 利用 pH 试纸进行对比实验。

表 6-4　天然水与纯净水的酸碱度区别实验表

	天然水	纯净水
水测试现象(比对 pH 试纸的颜色)		
水测试结果(判断是弱酸性还是弱碱性)		
结论		

2. 实验步骤:

观看视频,指导儿童将课前准备好的天然水和纯净水分别倒入一组带有标签的测试杯中,并将 2 张 pH 精密试纸分别放入杯中并轻轻摇晃,观察水的颜色,如颜色不明显可以再加入一张。

3. 小组实施实验,汇报实验结果(根据 pH 试纸颜色显示的不同得出结论:天然水呈弱碱性,纯净水呈弱酸性)。

案例 6-3

"保护水"——课后主题作业设计案例

任务一:小小检测员(采用测试不同饮用水酸碱度的方法来检测家庭饮用水)

要求:使用 pH 试纸测试家中不同来源的饮用水,根据测试的结果填写表格,并思考:我家的饮用水是否适合长期饮用? 给出合理的方案或建议。

表 6-5　家庭饮用水检测表

	煮沸后的自来水	包装饮用水	家用净水器	其他(注明)
水测试现象				
水测试结果				
结论(我家的饮用水中是否含有天然矿物元素?):				

任务二： 小小节能王（节水小窍门）
要求： 为了保护珍贵的淡水资源，你有哪些节能设计或节能小妙招？（或愿意从以下身边的小事做起）：
1.
2.

三、主题类作业的创意实践

前文所展示的主题类作业采用多样化的形式，引导学生开启了一次"与水约会"的探究之旅。在一次次的调查中，儿童不断发现并提出新的问题，开启了个体思维层面的对话以及同伴之间的思维碰撞；在一系列计算与实验中，儿童慢慢分析问题并基于证据进行个性化的表达，不经意间推动了思维和语言向高阶的发展；在不断探究积累的过程中，儿童学会分析、归纳、总结并解决问题，进一步激发了思维的创新。主题类作业成为了儿童的学习工具，引导儿童经历多元、开放的学习历程，从而提高了综合实践能力和创造力，逐步培育了学科的核心素养。

（一）在"寻找"中培养提出问题的能力

一般发现问题后，儿童思考的积极性被调动起来，他们迫切地想了解问题的答案和解决问题的方法。如抽丝剥茧般分析问题是解决问题的基础，儿童可以借助主题类作业项下的各子作业逐步尝试分析问题。在科学与技术学科中，分析问题往往需要通过观察、比较、假设、推理、联想、实验、制作、交流等科学方法进行实践。在主题类作业的实施过程中，教师通过不断地引导，帮助儿童一步步经历"认知冲突"和"概念交互"的思维过程。"概念交互"就是使生活概念和科学概念在头脑交互作用，进而形成一个新的概念，将提出的问题和与之相关的前认知相联系，建构新的问题框架。儿童在分析问题的过程中会不断生成新的问题，因此需要再运用科学方法继续进行深入地分析，就犹如剥洋葱一般，一层一层呈现问题，以此推动思维向全面性、合理性、适切性发展，为解决问题做铺垫。

（二）在"描画"和"剖析"中培养分析问题的能力

实践操作类的作业任务比传统讲授、背诵更容易获得儿童的认可与接受，有助于增强儿童主动学习的内驱力。因此，主题类作业引导儿童采用科学的实验方法和步骤，对不同类别的水进行采样和实验并分析实验结果。三项子作业中的六大任务凸显了主题类作业排布上的层次感，有利于儿童综合能力的培养。

思维创新是在许多机制的共同作用下产生的。儿童将主题类作业的完成过程转化为主题类知识与技能的同时，也激发了他们创新思维的形成。思维的工具有很多，在科学探究的主题类作业中，教师不断努力尝试联系生活实际，创设真实情境，激发儿童产生疑问，提出问题；引导儿童运用辩证思维、批判思维去思考问题，运用逻辑思维，甚至逆向思维对问题进行分析；鼓励儿童运用科学的方法验证，借助于想象思维与发散思维创造性地解决问题。以问题为核心，将问题意识贯穿于主题类作业的全过程，对于提高儿童的综合能力、培育儿童的基础素养有着重要的积极作用。

（三）在"保护"中培养解决问题的能力

当试图深入探究一个科学概念时，人们通常得改变当前对这一概念的理解，从而为身边的现象建构一个更为科学有效的认知。这种对先前观点的转换或重构被称为"概念转变"。目前很多有关教育中概念转变的研究表明，传统常规作业中机械性的"面对——替换"模式并不能帮助学生有效形成对某一个新概念或新内容的深刻理解。

在科学与技术学科的主题类作业中，教师通过有针对性的情境创设，有意识地放慢节奏，主动创设认知冲突；有目的地结合儿童生活，将更好地增强儿童的体验与感悟，让儿童充分经历并体验各种探究过程，更有利于促进探究活动的高效开展。主题类作业中设计的各项任务注重儿童亲历，使其在完成作业的过程中掌握必要的科学知识与技能、体验探究的一般过程与方法，并且在教师的鼓励下敢于质疑，敢于发表不同的判断和推测，逐步形成科学的思维方式，逐步养成求真、求实的科学态度以及不断探索的科学精神。

主题类作业的设计落实需要教师本身不断积累广博、深厚、综合的学科专业知识，进一步要求教师在专业的教学能力、教学策略和作业设计上有更高的追求与建树,促使教师在反思中不断提升自身的创新能力,提高创设开放式学习环境及指导开放式作业的能力。

　　总之,在主题类作业的设计与实施中,教师的专业素养不仅仅体现在知识的积淀与传授,更体现在时刻以儿童立场来对待每一个孩子,用教育的智慧来创生智慧,在教与学的真实情境中,完成情境与实践、知识与素养、智慧与心灵的碰撞和大统一。

（撰稿者：孙晓蕾　黄艳雯）

第七章

游戏式作业：　让作业充满无限趣味

　　作业是一种生活、是一种情趣，而不是千篇一律的重复。游戏式作业是以游戏为载体统筹设计的作业类型。它具有趣味性、规则性、情感性和丰富性。儿童是游戏者，设计游戏式作业需要考虑儿童的心理特点，联系儿童已有生活经验及知识储备，依托学习工具，激活游戏形式，让学习者饱含激情地参与知识探究的过程。

作业应着眼于儿童的发展。游戏式作业摆脱了传统作业的机械重复和枯燥乏味，它以游戏为载体，把学科知识融入预先设定的情景中，与真实玩乐活动相结合，让作业充满无限趣味，为儿童学习学科知识、发展思维品质、完善情感价值、形成核心素养提供了有效的途径。

一、游戏式作业的理念与价值

游戏式作业是教师根据儿童的心理和认知特点，从学科内容出发，在儿童已有生活经验及知识储备的基础上，依托学习工具，以独立游戏或与伙伴、家长的合作游戏形式，达到巩固、完善和熟练掌握学科知识点的一种短期作业类型。此类作业能刺激儿童的学习感官，让学习者在玩中实现求知，在乐中达成目的。

儿童与生俱来的学习方式是亲身体验和实际操作。只要是游戏，儿童都乐意参与。意大利幼儿教育家蒙台梭利博士曾说过："最好的学习方法是让儿童聚精会神的学习方法。"富有新意且充满挑战的游戏作业能激发学生学习兴趣，提高学习关注度和持久度。在游戏中儿童获得愉悦和满足，融会贯通学科知识，学会用不同的眼光去观察、审视现实生活，尝试从学科的角度运用所学知识和方法寻求解决实际问题的策略，从而真正成为学习的主人。

（一）激发兴趣　主动参与

生动、有趣的游戏式作业设计，能顺应儿童爱玩的天性，帮助儿童克服厌倦心理，有助于儿童求知兴趣的持续发展，甚至延伸课堂空间，使儿童研究、探讨学科知识的潜力在课后得以充分发掘，同时能充分调动儿童的学习兴趣和潜能，变被动学习为主动学习；能有效化解儿童思维直观性和学科知识抽象性之间的矛盾,使学习变得更有趣、更好玩。特别对于小学低年段儿童,生动、趣味性的游戏式作业能营造一定的游戏氛围,调控儿童的学习情绪,让儿童主动地探索学科知识,解决学科问题,把学习知识的过程变成一个主动的、生动活泼的学习过程。

(二) 建立规则 形成秩序

培养规则意识对儿童建立秩序感及长远发展有着不言而喻的重要性。游戏是儿童最喜爱的活动,通过游戏可以调动儿童的主体性,更易将外在的规则要求内化。教师只要善于将规则渗透于游戏式作业之中,就能让儿童在游戏活动中学习和体验各种规则。规则意识的培养,能有效地启发、强化儿童的规则意识,促进儿童养成遵守规则的好习惯。游戏式作业活动的开展,与儿童的年龄和认知水平有着很好的匹配性,因此以游戏活动作为作业载体,能实现对儿童规则意识的培养,是基于教学实践的创新。在当前的教育环境下,在教学中不断地引入新思路、新方法是促进教学发展的关键和趋势所在。

(三) 学会合作 增进亲情

教师在设计作业时,遵循课程资源无处不在的理念,以开放的视野,设计出能让家长陪伴儿童共同参与的游戏式作业,让家长和儿童在共同完成作业的过程中体验游戏式作业带来的快乐和全新的感受。而游戏式作业的综合性、实践性、情感性和趣味性,也可以让儿童与他人(特别是家长)在共同合作实践中感受学习的乐趣,体验到学习的愉悦,让家长更多地参与儿童的学习,了解儿童的状态,支持儿童的发展。同时在游戏中也可以挖掘孩子的想象力、创造力、动手能力等,让儿童在完成作业的过程中,享受到快乐和成就,增进亲子间的关系,提升孩子的智商与情商。

(四) 开发资源 积极探究

课程资源的合理开发能为学科教学提供有利的条件和保障。与传统教科书相比,当前的课程资源是丰富的、大量的且具有开放性的。从儿童的年龄、心理特点入手,联系儿童生活实际,满足儿童的个性发展需求,为探究性学习提供保障。

好的课程资源有助于激发儿童的学习兴趣,有利于儿童主动参与学习活动,有助于儿童形成探究式的学习方式。我校自主研发并制作的学习工具和微课视频已经成为低年段儿童学习课程内容的重要辅助工具,儿童通过观看相关游戏视频,学习游戏规则,在与同伴或家长的互动游戏中练习巩固学科知识,提升思维品质,形成核心素养。

二、游戏式作业的设计方法

游戏式作业是根据课时教学目标和相应教学内容,运用一定学习资源,以多种形式和途径选择、编制、完善形成适合这一年段学生游戏的作业,是儿童在课后"基于学习目标—巩固知识技能—激活思维火花—培养创新意识—形成核心素养"的学习历程。

游戏式作业要从儿童熟悉的生活实际出发,充分考虑儿童的年龄特点和认知水平,挖掘生动、益智的学科素材。科学合理地设计作业,让作业变得富有趣味性,利于儿童思维的发展。同时,游戏式作业要设计一定的游戏规则,儿童在游戏过程中按照规则进行有序操作,从中体会游戏的公平性与条理性,感悟规则的重要性,有助于形成良好的规则意识。当然,游戏式作业设计要便于儿童操作,即提供操作的步骤和方法,操作的材料和学具,易学的操作视频,通过操作体验游戏中所涵盖的学科知识内容,获得方法与技能,培养智力与创新意识。

基于以上作业设计要则,根据学科特征,分析、设计和提炼出游戏式作业设计的基本思路:"研读课标""分析教材""分析学情""选取模块""梳理知识点"是教师在游戏式作业设计前期进行的必要程序,是梳理课时教学目标、设定游戏目标、设计游戏方案及评价目标的基础。游戏式作业是否可行、有效将通过作业的实施进一步分析与优化。(见图 7-1)

游戏式作业设计每个环节相互连接,环环相扣。教师认真研读课程标准及基本要求,分析学科教材内容,儿童学习基础与薄弱环节,选取与课程相关模块为研究主题,梳理相关知识点与动作技能,以目标为依托,设计与之匹配的游戏式作业目标,利用学习资源和工具,设计相关的游戏式作业方案。

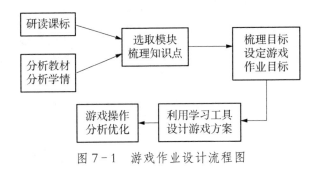

图7-1 游戏作业设计流程图

下面,我们以小学数学《百以内数的比较大小》游戏式作业为例,具体阐述游戏式作业的设计方法和设计要则。

(一)选取模块,梳理知识点

游戏式作业设计与学科内容的匹配度在游戏设计中十分重要,小学数学知识内容主要涉及四个模块:"数与运算""方程与代数""图形与几何""数据整理与概率统计",通过分析教材,分析学情,编写思维导图,梳理模块中的知识点,不难发现低年段数学以"数与运算"为主要学习内容,故选取此模块为作业设计的主要内容,从而明确游戏式作业的主题研究内容。(见图7-2)

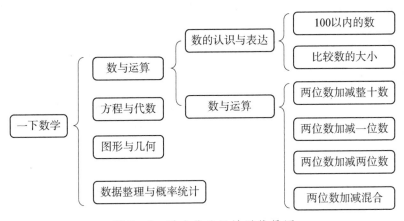

图7-2 游戏作业设计思维导图

（二）设计目标，明确定位点

根据学科教学内容、教学目标来设定游戏目标，兼顾知识技能、过程方法、情感等多维度目标的达成。

"百以内数的比较大小"游戏式作业设计

所属模块： 数与运算——数的认识与表达

课时教学目标：
1. 利用数射线学会比较 100 以内数的大小。
2. 通过自主探究，归纳比较数的大小的方法。
3. 在解决生活问题中巩固比较数的大小。

教学重点： 会比较 100 以内两个数的大小。

教学难点： 探究比较 100 以内数的大小方法。

根据学科内容课时教学目标发现"会比较 100 以内两个数的大小"是本课例教学重点，而"探究比较 100 以内数大小的方法"是本课例的教学难点，因此在设计相关游戏作业时，把游戏目标确定为：

游戏目的：
1. 在游戏过程中会比较 100 以内数的大小。
2. 能用规范的语言表达比较的方法和结果。
3. 孩子们在猜想、验证中学会比较数的大小，体验游戏策略带来的愉悦。

（三）设计方案，把握创意点

游戏作业目标设定后，根据游戏特点围绕目标设计游戏方案，方案实施中，会涉及一定的学习资源，而创意数牌成为我校儿童学习数学的一个有效学习工具。（见图 7 - 3）

图 7-3 创意数牌

在学习100以内数的大小比较前,儿童已学习了100以内数的认识与表达,明确相同的数字,放在不同的数位上,所表示的数的大小是不同的,在之前的造数游戏中,儿童已经掌握了一定的策略方法,将大于5的数字放在十位上,小于5的数字放在个位数,这样造出的两位数就会比较大。

以比较100以内数的大小为学习要点,儿童通过自主探究比较数的大小的方法,体会比较的策略,从而达到灵活运用。

设计名为"田忌赛马"的游戏式作业

游戏名称:田忌赛马
游戏说明: 两位儿童各自准备一张数位卡,一位儿童洗牌,将牌叠成一摞,根据下列规则进行比大小的游戏。
游戏规则: 儿童 A B 各准备数牌0—9一副,通过随机抽取6张数牌任意放在十位与个位上,组成3个两位数后不能更改,然后同时出示这3组两位数,接着通过石头剪刀布决出由输的一方先出示第一个两位数,(这时双方能同时看见双方组成的两位数)赢的一方就可以从自己的3个两位数中选取1个来进行比较,(儿童可以选取一组较大的数先赢一局,也可以选取一组较小的数先输一局,留下两个大数与对方比较,赢得比赛)以此类推,完成3组两位数的大小比较。

儿童在之前的游戏中已经积累了一定的经验和策略,在本案例中,这些经验和策略将会得到更大限度的发挥。通过赢得比赛儿童的方法介绍,教师将其与语文课本中的田忌赛马的方法进行归纳和比较,让儿童明白如何在劣势中找到优势,赢得比赛,使原本枯燥的比较数的大小的练习变得生动有趣。儿童在有趣的

活动中学习学科知识,在生活实践中运用学科技能,有效培养了学习、实践和创新能力,同时学科素养以及思维方式也得到持续发展。

案例 7-1

田忌赛马创意数牌游戏

游戏目标:

1. 通过创意数牌使儿童们在组数、摆放、出牌中学会百以内数的大小比较。

2. 在经历猜想、验证、实践中学会扬长避短、避实击虚。

游戏用具:两套创意数牌(0—9)

游戏资源:视频、使用手册、评价量表

游戏人数:2 人

游戏规则:

1. 两个儿童轮流摸出六张创意数牌,自行组成三组两位数翻开放在桌面上不能更改。

2. 通过石头剪刀布决出出牌顺序。

3. 自由选取其中一组两位数与对方的两位数进行比较,数大者赢牌(赢得的牌放一边不参与游戏)。

4. 三局过后得牌多者获胜。

游戏记录:

根据最后的得牌张数定输赢,三局两胜,把游戏结果填写在下表中。

"田忌赛马"创意数牌游戏记录表

年　　月　　日

儿童姓名	第一盘	第二盘	第三盘	总计

使用建议：

1. 参考视频：为了使儿童和家长在课后能够更好地参与、完成这个游戏，我们已将游戏的全过程录成视频。通过边讲边操作的形式将游戏的步骤与规则融入视频之中。

2. 合理布局：由于每次摸到的创意数牌不同，因而得到的数也不同，这就需要儿童自己动脑进行组数，以及思考不同的出牌顺序，从而才能成为最终的赢家。

本游戏的设计来源于九年义务教育沪教版一年级数学下册第二单元 100 以内数的认识这一教学内容，利用创意数牌设计了"田忌赛马"的游戏，既为巩固知识点也为后续学习大数的比较、小数的比较、正负数的比较等内容做好过渡与铺垫。游戏中，儿童能够根据不同的创意数牌进行合理组数、比较，并学会运用数学思维全面思考、战略布局，使游戏活动更好地为教学内容服务、巩固知识；而教学内容中的重、难点也化为游戏形式增添乐趣、提高参与度从而达到统一、实效。

游戏式作业反映了作业自身的质量，也直接影响到儿童的作业体验。除了依托学习工具我们还以锻炼学生体能为目的设计了趣味体能作业。一般的体能训练是针对某一个动作反复操练以达到不同身体部分充分运动这一目标，但相对其他体育活动，这项训练比较枯燥、单调，对于低年级儿童来说，他们好奇心强；注意力集中时间较短；对反复单一的枯燥练习没有耐心，因此体育课中设计一些游戏作业，能让儿童在充分享受运动乐趣的同时养成运动习惯、达到运动强度。

案例 7-2

工程车总动员之大吊车游戏

游戏目标：

1. 通过练习大吊车游戏，提高儿童腰腹力量，发展身体协调能力。

2. 激发儿童的体能锻炼的兴趣，养成每天体育运动锻炼的习惯。

游戏用具：一次性纸杯(6—10)、毛绒玩具 2 个

游戏资源：视频、使用手册、评价量表

游戏人数：1 人或多人

游戏方法：

体能游戏开始，儿童变身"大吊车"将游戏准备的物品运到集中地，改造摩天大楼。

儿童先根据游戏要求准备器材，将自己的身体变身大吊车，臀部坐地，双手撑在身体两侧，双脚微曲成大吊车的起重机，调试起重机的距离，通过双脚夹物将物品(物品为家中毛绒玩具等)从第一个纸杯移动到第二个纸杯，用同样的方法依次进行，在 30 秒内看每位儿童能挑战几组几次。挑战组数多者为胜。同等时间、组数、看次数多者为胜。

游戏规则：

1. 游戏过程中儿童只能通过手臂支撑后、腰腹力量进行移动。

2. 按照顺序每一个纸杯处完成大吊车起重机一次，依次进行，游戏中起重机双脚夹物不能落地，落地即判失败。

3. 此项作业儿童可以自己定时练习多组或者同样时间多人比赛，总

计分多者获胜。

游戏记录：

根据最后的练习组数和次数，儿童自行把游戏结果填写在下表中。

趣味体能作业"大吊车游戏"记录表

年　　　月　　　日

作业时间	第一组	第二组	第三组	总计

游戏说明：

为了使儿童和家长在课后能够更好地参与完成类游戏式体能作业，教师提前将游戏的全过程录成视频，通过边讲边操作的形式将游戏的步骤与规则融入视频之中。此类体能作业以游戏的体验形式完成，所以儿童可根据自身学练能力、季节气候和锻炼环境条件等决定自己的锻炼组数和次数。

本游戏的设计来源于杨浦区小学一、二年级《体育与健身》空中课堂资源库游戏式体能作业。通过对作业设计与布置的改革，变枯燥的作业为趣味性作业，调动儿童学练体能的积极性。此项作业是提高儿童上肢腰腹力量的体能，也是为低年级段垫上体能运动技巧等学练内容的学习进行过渡与铺垫。游戏中根据低年级儿童的特点选择主题情境。儿童化身有趣的工程车"大吊车"，参与体能作业的过程，也是融入游戏体验的过程，儿童在游戏中建立规则意识，通过体能游戏的学练提高体能。

游戏式体能作业设计坚持趣味性、规则性和操作性的原则要求，在强调趣味性的基础上进行体能学练。此案例中儿童变身"大吊车"将游戏准备的物品运到集中地，建造摩天大楼，在建造摩天大楼的情境化学练中感受快乐。正是游戏式体能作业趣味性的体现。游戏中游戏方法和规则的学习——臀部坐地，双手撑在身体两侧，双脚微曲成大吊车的起重机完成撑地移动的练习是大吊车这类工程车的作业操作，按照这样的规范操作完成游戏的组数次数体现了游戏式体能作业的操作性、规则性的设计原则。

儿童在参与游戏过程中既体验了运动带来的乐趣，又锻炼了体能，充分调动了学习兴趣和潜能，变被动学习为主动学习；儿童参与游戏活动的同时既布置了游戏场地和器材，还记录了"大吊车游戏"记录表，正对应了游戏式作业所具有的开发资源、积极探究的多维价值；游戏的形式设计了可单人练习又可多人比赛使得儿童学会合作、增进亲情；游戏的学练过程儿童通过"大吊车"游戏方法、规则的学习，养成了遵守规则的好习惯，正是体现了对于儿童建立规则、形成秩序的意识培养，彰显了游戏式作业对素质教育的教学价值追求。

三、游戏式作业的创意实践

游戏式作业的设计是教师，而游戏的主体是儿童。在设计的过程中教师秉承游戏的趣味，结合学科知识潜移默化地融入游戏；儿童会在游戏中建立规则意识，通过游戏耳濡目染地掌握相关技能。儿童在游戏过程中的反馈也是我们提升游戏品质的努力方向，在不断改进中，我们设计更贴切学生的游戏。

低年段儿童具有以下认知特点：注意力集中时间较短，以形象思维为主，喜欢动手、喜欢表现、好奇心强等。因而在众多的学习活动中，我们选择儿童比较喜欢的游戏活动形式参与教学的学习过程。小学游戏式作业是帮助儿童在理解概念、掌握知识、学习方法与运用技能的一种十分重要的手段；是儿童学习中一项最基本、不可或缺的学习活动。

学习兴趣是学习动机中最现实、最活跃的成分，是学习活动的强化剂，它在儿童的学习活动中,起着巨大的推动和内驱作用。"玩"是一种高级状态,不是停留在游戏的表面,是一种深层次的思考。因而在游戏中我们更注重的是儿童的归纳、总结与运用,这才是真正地学会玩。同时在我们设计的游戏式作业中参与者是儿童与儿童、家长与儿童,在游戏的过程中鼓励儿童把自己得到的游戏经验分享给大家,让每个儿童都能从中获得成功的体验,在获得了一定游戏经验的基础上,鼓励儿童自主创编新的游戏,从而感受到学习的快乐与学习的魅力。

(一) 促进交流

实践中我们发现:部分家长忙于生计无暇关注孩子的学习,缺少与孩子的有效交流沟通。"如何才能让家长及时了解孩子的知识掌握水平?"于是我们在设计游戏作业中加入了亲子互动环节以及多人游戏的形式。在课间孩子可以与孩子一起玩游戏,而回家后孩子可以把游戏带回家与自己的爸爸、妈妈一同玩游戏。在游戏的过程中儿童的角色有所转变,从参与者到引领者,带领爸爸妈妈学游戏。同时在"教授""讲解"游戏过程、游戏规则中他们对游戏的表述、游戏的认识有了更深层次的理解,爸爸妈妈则可以通过游戏了解孩子的学习,充分参与孩子的学习成长。考虑到儿童的个体差异,我们还提供相应的游戏方案、游戏建议、游戏视频,辅助孩子表述、帮助家长理解。通过游戏式作业让儿童在发现、探索、思考中成为知识的实践者。

(二) 及时评价

小学学科的评价方式较为丰富,在实践中我们发现活动性评价更适合低年段儿童的年龄特征。在作业过程中教师通过组织儿童参与各种游戏、实践活动,在活动中对儿童进行评价。充分利用手机软件 APP 和微信小程序,儿童扫码可观看游戏式作业的方法和规则,教师也可以直观、及时的查看儿童游戏式作业,通过语音、文字和表情符号进行评价。儿童无论是在学校课堂还是放学在家,都能有教师的指导,使游戏式的作业让儿童真正喜欢,让学习者饱含激情地主动参与学习过程,在玩中实现求知,在乐中达成目的。同时我们也采用了儿童的自评、儿童间的互评,以及老师、家长的他评。在自评中使儿童学会自我反思、改进学习策略。在互评、他评中会发现自己的进步,看到同伴的长处以及自己的努力的方向,逐步培养儿童能听取别人批评意见、批评的心理承受能力和诚恳友善对待伙伴的品质。

（三）自主学习

游戏式作业的设计需要我们有意识地渗透学科思想，在活动中使儿童更深刻地理解学科的精神。在玩游戏的过程中体验同伴分享、发现直觉；在师生、生生真实对话的情境中不断吸取经验、调整策略，最终悟出游戏获胜的方法，促进儿童的逻辑思维由低层次向高层次逐步发展，培育了有序思考、逻辑思考的能力。在游戏式作业的过程中，儿童从初步感知规则到慢慢感悟，从无意识参与游戏到有意识总结方法得到经验。在经历大量的感性认识后经过自己的直觉思维理解、掌握所学知识，逐步提高思维能力、思维品质。

（四）常变常新

游戏式作业可以鼓励儿童遵循游戏规则，勤思考多动脑，排除困难勇往直前。在培养儿童正确学习态度的同时也保持他们学好本领的自信心。因而游戏的设计中需要更"接地气"，使孩子们乐于参与、主动探究，通过他们自己的努力品尝到成功的乐趣。其次游戏式作业还需要"常新"，变换不同的规则以及参与人数，让儿童在游戏中找到新鲜感，才能激发儿童学习的动力。从而使儿童形成个性化的思维模式，使学习变得既生动有趣，又富有挑战。

合理的作业设计有利于儿童更好地掌握知识和技能，进而使儿童在思维、情感态度与价值观等多方面得到进步和发展，并形成乐于探究的态度，在新课改背景下，教师应从作业的主体出发，既要在趣味性、实践性和开放性的前提下设计作业，又要引导儿童通过创造性的作业活动充分发挥自己的潜能。让我们设计的游戏式作业能成为儿童放飞潜能的天空。

（撰稿者：许辉　尹瑛　宋春叶）

第八章

表达类作业：展示多元自我

　　表达类作业旨在立足自主发展视角，引导儿童在课内学习实践、场景体验等学习活动后，用语言或非语言形式表达对所学内容的理解。它关注儿童表达中的个性特点呈现、情感体验释放以及其心理机制诠释，激发儿童内源性学习动力，帮助他们更好地发现自我、接纳自我和展示多元自我。

表达类作业旨在从自主发展角度,让儿童在学习实践、场景体验等学习活动后,用语言或非语言形式表达学习内容。对于儿童而言,表达类作业是一种全新的学习体验,在展现个性的同时,也让儿童具有身心健康,学会学习与实践创新的品质,引导儿童在课堂中经过学习实践并反思感悟的学习活动。面对儿童的个性化表达,教师应以尊重与接纳的心态,帮助儿童巩固知识、理解知识,获得学习体验,同时增强儿童的自我效能感,展示多元化的自我。

一、表达类作业的理论视角

　　在《汉典》中,表达被定义为:思维所得的成果用语言、语音、语调、表情和动作等方式中反映出来的一种行为。而且,表达本是人类一种与生俱来的能力,在没有形成各个国家的文字之前,甚至在人类没有语言之前就存在,考古学家的发现与研究认为智人之前的尼安德特人就已经懂得在山洞的岩壁上用绘画的形式来描绘所看到的事物或表达对自然及宇宙的看法,在绘画的想象中寻找生命的意义[①]。社会学家同时也发现了世界上还有很多的民族通过舞动身体的方式来表达自己内心的感受。

　　表达类作业就是运用各种外显的形式,让作业以各种艺术或者媒介的方式进行展示。在与儿童开展课堂活动过程中,儿童通过不同方式的输入学习,进而在大脑中形成自己的理解,建构自己对课堂学习内容的思维模型,并运用外在世界的各种媒介,例如写作、绘画、演讲、表演、舞蹈、唱歌等多种形式表现的作业类型。

---

① 汤晓霞. 表达性艺术治疗的浅议及运用[J]. 赤峰学院学报(自然科学版),2011,000(012):
　199—201.

表达类作业的核心思想就是将观察、倾听和实践,通过自己的感知运用合适的方式进行输出,从而将抽象的概念转化成一个具象的形式,展现个人理解、潜在认知以及独立创作。它的形式超越通常所理解的只是运用语言和文字的形式。

表达类作业着眼于核心素养中六大素养之"人文底蕴"和"健康生活",将所有学习过程中通过观察学习、记忆、思维、创造等进行综合运用并加以展示。表达类作业与其他种类形式的作业相比较,更能凸显真实、真情和真性的教学价值。

(一)表达类作业表现"真实"

表达类作业是一种对外的展示过程,往往是教师设计儿童熟悉或者感兴趣的场景,启发儿童在参与中思考课堂中呈现的内容,并内化为自己的认知,并用一种特定的方式外显。其形成的方式,必定是一种真实的表现。例如通过大脑建构的思维,运用语言的表达,从而将感受向外输出,最常见的方法就是凭借语言与文字,尽管输出的过程可能会用各种词藻进行粉饰,但其中的内核是源自其本身的底层思维逻辑。

(二)表达类作业蕴含"真情"

从表达类作业形式而言,一般可以通过视觉、听觉的方式进行感知。过程中,往往会将自己内在情绪与感受赋予在各种外显的形式中,通过这些外部的媒介表现自己无法用言语抒发的真情实感。许多人认为表达几乎囊括了一切高级行为、一切艺术、一切表露出来的情绪。例如人文类学科中的语文,会涉及人类的情绪感受,运用创造诗歌、绘制画面、情景表演等方式演绎出儿童的真情。

(三)表达类作业显示"真性"

真性可以理解为人类内在的本性,趋同"天性"。表达类作业不仅仅将"学"与"习"表现于外在,更多的时候也会将内隐的自身思维方式、个人性格、个体素质等进行整合,然后通过语言、文字、绘画、唱歌、舞蹈、肢体动作、设计制作等各种方式进行展示。例如体育学科,儿童通过教师对动作的示范与讲解,根据自身的理解与身体的协调性,将自己的理解根据要求呈现出来,表现出自有的身体特性。当然,儿童在适量的练习中,对于知识与技能都会呈现出变化,这是根据不同儿童的个体所决定。因此,表达类作业更显个性化的特征与特点。

二、表达类作业的诞生路径

表达类作业有别于其他类别的作业,注重作业于学业的即时反馈,从而了解儿童对于所学知识技能的掌握程度,它应该是一种课堂内外的学习延伸,以及学习兴趣的激发。表达类作业突显儿童作为个体对知识的理解、情绪的感知、自身的观察,其目标也更遵照儿童本体的实际而确定。

表达类作业设计立足于以儿童基础为本的思想,设计过程遵循以下设计要则:一是紧密性,表达类作业往往来自课内学习活动,因此作业设计的底层逻辑与课堂活动会有紧密的相关性,儿童结合课堂中学习所得——由内在所思——引发出所感,继而完成可感官的具体形象;二是意象性,表达类作业往往能让儿童将自己内在所会意的或者大脑中建构的知识技能运用各种言语、绘画、表情和肢体等多元的方式,主观地进行创造性的演绎表达,呈现出儿童所想表达的意义;三是反思性,表达类作业设计,要兼顾儿童完成后,可以让他(她)继续对自己的作业进行更深一步地"回味"——当下儿童所处的环境、所具有的认知、所给予的自我评价、所体验的感受,以及最终所得到的收获,有时这个过程是需要周而复始才能达到有效性。

基于以上的设计要则,表达类作业首先要根据课堂设计活动,强化儿童学习的主体性,鼓励儿童学习的参与性,增强儿童学习的感悟性;其次要根据儿童的年龄发展程度设计,根据皮亚杰的发生认知理论,小学阶段儿童(7—12岁)处于具体运算阶段,这时儿童的思维,已经出现了"守恒"和"可逆性",但这个时期儿童的运算还不能离开具体事物或形象的帮助,因此教师在进行作业设计时,就需要充分考虑到儿童的这一特点。

(一) 表达类作业设计路径

我们以"心理健康活动"课程的表达类作业设计为例。心理健康活动课是根据儿童心理发展的规律和特点,以团体辅导及其相关的理论为技术指导,以班级为单位,通过各种辅导活动形式,培养、训练、提高儿童的心理品质,激发潜能,增强社会适应,帮助解决儿童成长中的各种心理问题,维持心理健康,达到塑造和完善人格的体验式课程①。表达类作业设计是围绕儿童对自我探索的过程,通过各种外显方式,看见自己、理解自己并接纳自己。小学阶段的心理健康课程首先运用情境、游戏、绘本等外显的方式引入,接着进行观察自我的情感感受,然后再进而运用多种外置的方式进行表达;再次进行自我觉察感知自己的身体、心理的感受;逐渐全面地理解与接纳自己。(见图8-1)

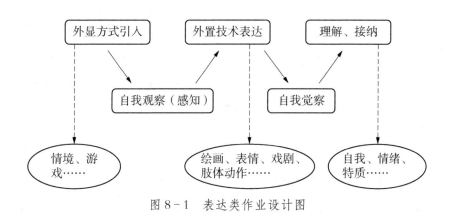

图 8-1　表达类作业设计图

　　心理健康课有别于学校的大部分其他课程,它是一种通过各种活动来感知自己、认识外部世界的课程。其中,情绪课程是心理健康课程中的主要内容之一。情绪良好状况是心理健康指标之一,调节情绪使儿童处于积极状态,有助于心理的健康。

　　情绪课程的主要目标是帮助儿童掌握管理情绪的能力。第一步就是能够识别自己的各种情绪。表达类作业的目的就是通过绘画、表情、雕塑、身体舞动等方式表达自己当下的情绪,同时教师通过同理指出具体感觉,引导儿童认识自己的各种情绪:激动、失望、自豪、孤独、期待等,并不断丰富儿童的情绪词汇库。通过不断地练习,儿童逐渐清晰地表达自己的情绪。在表达中,儿童通过思考、沟通、交流,慢慢觉察自己的情绪,进而逐步学会用正确的方法调节情绪(有时,儿童只需通过表达,就能解决情绪问题)。

---

① 马晓燕.学校心理辅导活动课程概述[J].江苏教育,2019(56).

对于小学低年段的儿童,运用他们喜闻乐见的绘本,将其贯穿课程活动,引导儿童在绘本情境中,体验各种情绪。如运用《我变成一只喷火龙》《我的情绪小怪兽》《菲菲生气了》《野兽国》《鳄鱼怕怕,牙医怕怕》《生气汤》《生气的亚瑟》《小凯的家不一样了》等绘本资源,引导儿童通过角色扮演、故事演绎等表达方式,体验在情境场景中角色人物的感受与情绪,在体悟与思考中,逐步提高孩子们的情绪智力。

由于小学低年段儿童文字基础和表达能力有限,大部分孩子无法清晰地运用言语对于许多情绪的理解表达,因此,可以尝试引导他们运用绘画和表情塑造来表达自己的感受;小学中高年段的儿童可以引导他们根据自己原有的认知体验,运用文字描述、戏剧表演或肢体语言进行情绪表达,教师通过活动组织与互动点拨,引发儿童产生更多的体验与思考,从而增强儿童的自我认知,以及学习正确调节情绪的方法。

(二) 表达类作业的案例及分析

我们以《中小学生心理自助手册》中《我想生活更快乐》主题中《情绪侦察机》一课的心理辅导活动设计为例。在课堂中,采用"我演你学"活动讨论情绪表现,并以游戏"你做我猜"引导儿童运用肢体语言和表情演绎等方式来表达自己对不同情绪的理解,并引导他们在过程中,尝试识别他人表达的情绪。课后,教师设计了"我的情绪色彩"这一项表达类作业(见案例8-1),让儿童运用另一种表达方式进一步对不同情绪进行自我感知,并尝试通过身体雕塑去感受情绪变化。

案例8-1

以主题《情绪侦察机》一课的"我的情绪色彩"为表达类作业案例,作业内容是请儿童用彩笔分别为"喜、怒、忧(忧愁、忧虑)、思(焦虑)、悲(悲哀)、恐(恐惧)、惊(意外地惊吓)"绘制简图、涂色,并简单地写下自己的想法。

作业说明:

这项作业是课堂活动的内容延续,要求儿童运用彩色画笔绘制自己的情绪地图,进一步将自己对情绪感知具象化。作业目的是尝试运用绘画方式表达自己对情绪的理解,较客观地了解自己;同时在后续分享交流自己绘画的活动中,反观自己的心路历程及其背后的原因,更深层次地觉察自己,从而能同理自己,接纳自己,让自己更自信。

案例分析:

教师将课堂活动延伸到课外,尝试运用绘图这一外置方式,重构儿童内在自我对情绪的理解与表达。由于儿童对外面世界的认知,通常是通过两种途径获得:其一,利用思维逻辑进行推理认知世界;其二,通过对艺术感知认知世界。由于小学低年段儿童形象思维占主导,抽象思维和逻辑推理能力发展不成熟,他们更容易通过后者去认知世界。因此,运用绘画形式,儿童既可以将自己的情绪认知具象化,又可以表露潜意识下自我的真实感受。同时教师通过观察儿童绘画作品,以及聆听儿童对其作品的描述,更全面地了解他们,进而引导他们更好地认识世界、认识自我、接纳自我,以帮助他们逐步建立自信。

三、表达类作业的深层思索

表达类作业设计既应关注学科学习目标,也要注重儿童在实践中体验。这类作业设计应更注重儿童特性,依据儿童的元认知、元体验和元情绪,将课堂中所获取的知识与技能进行内化、整合,突出儿童作为主体的根本属性,达到重整知识架构和学会学习的目标,同时关注提升儿童的自我效能感。教师在观察与评价儿童表达类作业成果时,应更重视发现儿童个性化特点,对儿童差异化学习进行指导与评价。

（一）重视儿童个性化特征

表达类作业是展现儿童个性化特征的外化形式。每个儿童都拥有独立、独特的个性。在他们学习、成长中，教师应耐心观察他们的性格和心理特点，善于用因材施教的方法，引导他们更好地发展。设计表达类作业前，教师应了解儿童个体的身心特征、认知基础、思维模式与情感表现等，并以此为依据制定学习目标，使儿童的学习目标更适切，能较好地满足儿童学习需求。在表达类作业的评价与反馈中，教师要善于发现儿童真实的学习情况及个别差异，并进行有针对性地分析和指导。

（二）关注儿童个性化表达

表达类作业鼓励儿童进行个性化表达，希望儿童通过内化学习信息，思索、重整自己已理解的知识架构，并基于自己个性化的语言或非语言等表达方式真实呈现自我。设计表达类作业时，教师应帮助儿童搭建一个"秀场"，在这开放多元的场域里，依托绘图、舞蹈、朗诵、戏剧等表达形式，展现个性化表达成果。教师在观察儿童展示、分享中，可以运用"南风效应"的教学策略，提高儿童个性化表达以及倾听他人分享的意愿，促进儿童在悦纳自我的同时悦纳他人。

（三）增强儿童自我效能感

儿童自我效能感源于自身成功体验。儿童结合学习内容完成表达类作业的过程，既是实现教师"教"与"育"转化的过程，也是儿童自主内化学习的过程。在儿童分享、展示、汇报表达类作业时，教师应善于发掘儿童优势与潜能；在评价与反馈儿童表达类作业成果时，教师应对儿童充满信心，以正向激励的方式，通过肯定与鼓励，让他们体验、收获成功，同时应善于发现儿童表达中的独特视角和观点，引导他们完善思维，提升自我认知，增强自我效能感和学习内驱力。

（撰写者：杨蓓）

第九章

制作类作业： 手脑联盟的创意行动

陶行知先生曾说："中国教育革命的对策是使手脑联盟，结果是手与脑的力量都可以大到不可思议。"手脑并用的制作类作业便是基于这样的思考应运而生的。制作类作业作为小学低年段课后作业类型中的一种，不仅可以帮助孩子们将课堂上学到的知识，通过手工制作的方法加以巩固，而且还可以锻炼孩子们的精细动作能力。孩子在制作时，能培养他们的专注力和创造能力，充分发挥想象力和思考能力。手脑并用的手工制作类作业符合小学低年段儿童的身心发展需求。

一、制作类作业的概念与价值

手工制作类作业是教师根据儿童的心理和认知特点，从教学内容出发，联系儿童已有的生活经验及知识储备，以动手制作的方法完成相关作业，达到巩固、完善、熟练掌握教学内容的一种短期作业类型。此类作业能够让思维意识和肌肉运动达成协调统一，是孩子们探索求知的一种途径，更是促进大脑发育的活动。

俗话说"十指连心"，这里的"心"不单单指心脏，更多的应该是指我们的大脑。过去，人们习惯于将个体的行为归结于"心"的作业，其实大脑才是我们的主体。所以，为了让孩子们的大脑更加发达，不断促进他们的思维发展，手工制作类作业对于小学低年段的孩子们而言是众多课后作业类型中一种不错的选择。这类作业能够让他们专注于手工制作的整个过程，在制作过程中体会、感悟学科知识，其教学价值在于培养儿童的自信心、观察力和多种技能。

（一）培养自信心

手工制作能够培养儿童的自信心和自我认知。孩子独立完成一次手工制作作业需要手脑并用。在这个过程中，孩子也会遇到很多的问题。如果能正确引导孩子动手动脑解决制作活动中遇到的问题，坚持做完，这不仅是孩子有毅力的表现，而且还能使孩子体验到付出后取得成功的滋味，感知自己的能力，增强自信。无论孩子的手工制作作业的成品是什么样的，我们都应该给予表扬和肯定，让孩子建立自信心。对于小学低年段的儿童来说，培养良好的学习品质和学习习惯才是重中之重。因此，在学习的过程中，每一次完成作业的实践体验就是一次培养的契机,需要牢牢把握住。

（二）培养观察力

完成手工制作类作业时,通常需要仔细观察。只有观察到位,注重细节上的差异变化,才能制作正确。因此,儿童在完成此类作业的过程中,能够逐步养成细心观察的习惯,越来越精准地抓住事物的特征,以此培养学习的好品质、好习惯。

（三）培养多种技能

手工制作是中华民族的传统艺术活动,它有很多的艺术表现形式。一是剪贴类活动,它可以培养画、剪、拼、贴等技能;二是编制类活动,它可以培养编、织、粘贴、润色等技能;三是泥塑类活动,它可以培养揉、搓、捏、拼、粘等技能;四是雕刻类活动,它可以培养画、刻、润色等技能。显然,通过手工制作类作业可以培养孩子的多种技能。因此,我们教师在设计手工制作类作业时,需要以开放的视野,依据课程目标,设计出能让孩子有兴趣参与的作业活动。让孩子在完成作业的过程中体验作业带来的快乐和全新的感受。

二、制作类作业的设计与分析

小学阶段的儿童对于自己动手进行手工制作的活动比较有兴趣。他们乐于通过自己的作品展示自我个性,发挥想象,抒发自己的情感。因此,在课后作业中,合理设计手工制作类作业,能大大激发儿童完成作业的兴趣,提高作业的有效性。

制作类作业以手工制作活动作为完成作业的方式。教师需要根据课时教学目标和相应的教学内容,运用一定的学习资源,辅以多种手工制作的方法,设计出制作类作业。完成制作类作业的过程,是孩子在课后特定内容下,"基于学习目标—巩固知识技能—激活思维火花—培养学习品质—形成核心素养"的学习历程。

不过,我们在设计手工制作类作业的过程中,首先需要充分考量并遵循以下设计原则：一是**目的性**。小学低年段手工制作类作业首先应该具有目的性。也就是说，教师设计相关的手工制作类作业应该是为了达成一定的教学目标。因此，教师在设计此类作业时，应当首先考虑教学目标、教学重难点。这样可以防止设计的偏差，保证手工制作类作业的有效性。二是**适应性**。手工制作类作业设计要考虑儿童的适应性。相关的手工制作的难易程度要适应儿童的能力发展水平。如果制作的难度过大，超过了此年龄段儿童动手能力的水平，孩子们一定会在制作的过程中困难重重，最终导致完成作业的兴趣降低，直接影响作业的完成度，从而无法达成教学目的。三是**趣味性**。兴趣是最好的老师。它能激发儿童的求知欲，促进其思维的活跃度，保持更持久的学习状态。有趣的手工制作类作业将激发儿童主动完成这类活动作业的积极性，让学习的过程充满趣味。因此，这就要求我们教师在设计制作类作业时，要能"吊起"孩子们的胃口，使他们一看制作类作业的内容就想跃跃欲试。有了主动参与的积极性，制作类作业的质量才能有保证。

　　基于以上作业设计原则，根据学科特点，分析、设计和提炼出制作类作业设计的基本思路（见图9-1制作类作业设计流程图）。"研读课标""分析教材和学情""选取模块""梳理知识点"是教师在手工制作类作业设计前期进行的必要流程。同时，这也是"制定教学目标""设定手工制作作业目标""设计手工制作方案"及"评价作业"的基础。手工制作类作业是否可行、有效，将通过作业的实施进一步分析与优化。

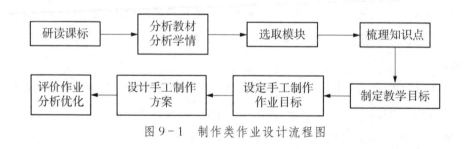

图9-1　制作类作业设计流程图

　　手工制作类作业设计每个步骤环环相扣，缺一不可。教师在认真研读小学某学科课程标准、小学某学科基本要求、小学某学科基于标准的评价指南的基础上,通过分析学科教材内容和儿童的学情,选取低年段学科教学模块为研究主题,梳理此模块中的相关知识点,以知识点的教学目标为依托,设计与之匹配的手工制作类作业目标,利用身边常用的学习工具,设计相关的制作类作业方案。

下面,就以手工制作类作业"汉语拼音字母形体我会做"为例,具体阐述制作类作业的设计方法和设计要则。

(一) 心中有目标

设计手工制作类作业前,需要我们教师研读课标、分析教材、选取模块、梳理知识点、制定教学目标,做到心中有目标。手工制作类作业目标与学科内容目标的一致性在此类作业设计中十分重要。小学低年段语文学科内容主要涉及下面几个模块,"汉语拼音""识字""写字""阅读""表达"。而汉语拼音教学就是义务教育教科书(五·四学制)小学语文一年级第一学期第二单元的重点教学内容。这个单元是第一个拼音单元,与拼音有关的学习内容包括 6 个单韵母、23 个声母和 10 个整体认读音节。对于这一时期的儿童而言,激发他们的学习兴趣、让他们养成良好的学习习惯是教育的首要任务。拼音的学习也要以趣为先。语文课程标准及学科基本要求中对于拼音的书写是有要求的,要求教师重点指导孩子对照四线格的位置进行书写,注意培养正确的执笔和写字姿势以及良好的书写习惯。可见,对于汉语拼音字母的字形是要求儿童牢固掌握的。那么,问题来了,除了机械重复的抄写作业,是否还有其他形式的作业能够帮助儿童巩固对汉语拼音字母的字形的掌握并且使孩子们饶有兴味地去完成呢?

(二) 眼中有孩子

设计手工制作类作业时,教师要根据教学目标和学情,设定手工制作类作业目标,设计制作活动方案,做到眼中有孩子。基于掌握汉语拼音字母字形的目标,考虑激发学生学习兴趣的需求,手工制作类作业"汉语拼音字母形体我会做"应运而生。所以说,手工制作类作业目标的设定必须依据学科教学内容、教学目标,兼顾知识技能、过程方法、情感等多维度目标的达成。

案例 9-1

"汉语拼音字母形体我会做"手工制作类作业设计

所属模块：汉语拼音

> **《语文园地二》教学目标：**
> 1. ……
> 2. 复习 6 个单韵母、23 个声母，巩固声母的音和形，记忆声母表的顺序。
> 3. 通过比较，正确区分形近字母。
> ……
>
> **教学重点：** 能通过多种方式摆字母，记忆字母形体，记忆声母表的顺序。
>
> **教学难点：** 通过比较，区分形近字母。如 b-d、p-q、f-t。

　　根据学科内容的教学目标发现"能通过多种方式摆字母，记忆字母形体，记忆声母表的顺序"是教学重点，而"通过比较，正确区分形近字母"是教学难点，因此在设计手工制作类作业时，把作业目标设定为：

> **手工制作类作业目标：**
> 1. 自己动手，通过揉揉、捏捏、搓搓，用彩泥制作 6 个单韵母和 23 个声母。
> 2. 请把制作好的拼音按顺序摆放好；再给你的作品留个影。上传照片到晓黑板活动区，和小伙伴们一起分享。

　　设定完作业目标之后，便着手设计手工制作类作业活动方案：

> **活动名称：** 汉语拼音字母形体我会做
>
> **活动说明：**
> 　　同学们，想不想自己动手，通过揉揉、捏捏、搓搓，用彩泥制作 6 个单韵母和 23 个声母呢？请把制作好的拼音按顺序摆放好；再给你的作品留个影。上传照片到晓黑板活动区，和小伙伴们一起分享吧！

活动评价：
你可以为喜欢的作品点赞，也可以指出作品中的问题。

作品集锦：
① 第一个提交的作品

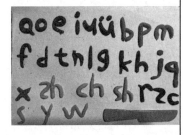

　　这个语文拓展活动发布于2019年10月17日17:39，整个活动为期四天（10/17—10/20）。班中的小蒋同学于活动第一天的18:18第一个提交了活动作品。因为设置了"成果相互可见"，所以率先提交的作品引来了点赞声："神速！"小蒋的妈妈马上回复道："他要做完才吃饭。😂😂"看到孩子能对这个制作类作业如此感兴趣，积极参与其中，作为教师的我在检查完小蒋的作品后，立刻点评道："全对√。"相信这番小小的互动之后，这个活动会吸引更多同学的积极参与。

② 获赞多多的作品（一）

　　果不其然，孩子们纷纷以照片的形式上传了自己亲手制作的拼音作品。10月17日的18:55，与第一个提交的作品一样，收获全班最多赞的作品产生了。小孙和小蒋的作品分别被点赞16次。小孙的作品色彩鲜亮，字母形体匀称，非常受欢迎。不过，美中不足的是"y"的字形被捏成了大写的"Y"。因此，我马上留言提醒："注意y的字形哦！"不一会就收到了回复："好的，马上修改。"

③ 获赞多多的作品（二）

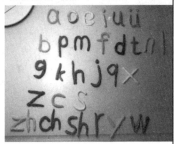

　　10月17日的20:46，小陈的作品上传了。这是全班孩子的作品中，收获13个赞的作品。虽然整个活动有4天的时间，虽然当时已临近睡觉的时间了，但他们投入活动的热情丝毫未减。一个个可爱的拼音字母排着队、手拉手地组团而来。孩子们通过揉揉、捏捏、搓搓彩泥，将它们一一创造，乐在其中。不过，如果字母排错了队，也逃不过其他孩子的火眼金睛。看了小陈的作品后，有人回复道："声母表的顺序错啦，请把zh ch sh r与z c s整体调换顺序才对哦！"小陈看见了回复道："知道了，谢谢！"随后，调换好顺序的新字母照片被提交了上来。

　　以上这个手工制作类作业属于泥塑类活动。儿童通过揉、搓、捏、拼、粘等技能，将手中的彩泥制作成汉语拼音字母。这种制作类作业就是以课堂教学内容为基础，用手工制作活动的形式达成教学目标。儿童通过独立制作，对课堂教学内容的掌握达到熟练程度。我们有理由相信，制作类作业会成为小学低年段课堂教学的后续活动作业之一。这种短期的课后作业轻松、有趣，可以激发儿童的学习兴趣，提高学习效率，对培养儿童的自信心、观察力和多种技能来说是不可或缺的。

　　这个制作类作业的设计来源于义务教育教科书（五·四学制）小学语文一年级第一学期第三单元的教学内容。这个单元是第二个拼音单元，与拼音有关的学习内容包括8个复韵母、1个特殊韵母、9个鼻韵母和6个整体认读音节。至此，汉语拼音已经全部学完了。为了巩固汉语拼音的学习，教学目标制定如下：①熟记字母表，能区分声母、韵母、整体认读音节；②能区分形近复韵母，读准音近的音节；③通过拼读练习，复习巩固音节的拼读。由此，设定手工制作类作业目标并设计手工制作活动方案。

　　为了进一步走进制作类作业，对这类作业的应用有信心，让我们再来看一个案例吧！

案例 9-2

拼音大转盘

制作设计意图：

　　《语文课程标准》对一、二年级学段的汉语拼音学习提出的目标是：学会汉语拼音。能读准声母、韵母、声调和整体认读音节。能准确地拼读音节，正确书写声母、韵母和音节。认识大写字母，熟记《汉语拼音字母表》。能借助汉语拼音识字。一年级第一学期孩子在学完全部拼音之后就可以开展亲子制作"拼音大转盘"这项语文制作类作业了。"拼音大转盘"这一学具主要由两个一大一小的转盘组成,两个转盘上分别写着声母和韵母、带介音的韵母。转盘可以随手转动,呈现声母和韵母以及声母和带介音的韵母的自由组合。让孩子在"随手转"中感受发现的惊喜,在动脑思考、用心拼读中体验学习拼音的乐趣,使拼音的认读和拼读达到事半功倍的效果。通过制作类作业可以为拼读拼音游戏做好准备,以此巩固汉语拼音的拼读。

制作目标:

1. 通过做转盘、写拼音,加强儿童识记拼音的能力。

2. 通过制作活动,激发儿童拼读音节的兴趣。

3. 通过亲子制作,提供亲子合作的机会,培养孩子的动手能力和协作精神。

制作准备:

　一张半径约 10 厘米的大圆卡片,一张半径约 8 厘米的小圆卡片,一枚指针,一根起固定作用的铁丝。

制作方法:

1. 将大小圆卡片的圆周平均分成 34 份,将等分点与圆心相连。

2. 在大圆卡片的外圈写上韵母和带有介音 i、u 后的韵母。(如下图大圆卡片)

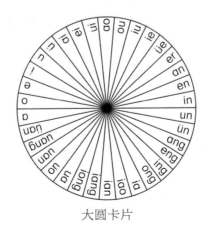

大圆卡片

3. 在小圆卡片的外圈写上 23 个声母。（如下图小圆卡片）

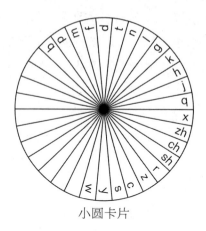

小圆卡片

4. 将指针、小圆卡片和大圆卡片按照从上到下的顺序叠放，用铁丝从圆心处将指针和两个圆卡片固定。

制作建议：

1. 制作圆卡片时，建议使用卡纸或硬板纸。用圆规量好半径在纸上画圆，然后剪下。

2. 将大小圆卡片的圆周平均分时，可以使用量角器，将 360°平均分成34 份。

3. 亲子制作过程中，孩子力所能及的工作可以让孩子尝试自己完成。如：剪圆卡片、从圆心向圆周的分割点依次用直尺画直线、在大小圆卡片上写拼音等任务。

4. 在制作过程中，儿童可以根据自己的喜好来装点转盘表面，如鲜艳的色彩及美丽的图案，能吸引儿童的注意力，激起儿童练习拼读拼音的兴趣。

5. 在使用过程中，由于指针会指向要拼读的声母和韵母，因此在用铁丝从圆心处将指针和两个圆卡片固定时应注意松紧适度，从而便于转动转盘。另外，用衣服吊牌做转盘的轴也是不错的选择，不仅安全，转动起来也很方便。

使用说明:

　　动孩子可以利用"拼音大转盘"进行拼读游戏,比一比谁能通过转动转盘,将两个转盘上组合成的音节拼得又快又正确。这样可以使枯燥单调的拼音练习变得生动有趣,从而提高孩子的参与兴趣,让孩子乐学、爱学。拼读注意点:特别韵母 er 因其可以单独成音节,所以它不能和任何一个声母进行拼读。

　　手工制作类作业是以达成教学目标为目的而开展的活动作业。它对培养孩子各项能力的协调性以及提高综合能力有促进作用。独立完成一次手工制作,对孩子来说是件不容易的事情。孩子在完成此类作业的过程中,在动手动脑的活动中,真正达到寓教于乐的目的。让孩子在兴趣中学习新知、锻炼能力、培养良好的学习习惯和学习品质,这是多么幸福的事。

三、制作类作业的创意与实践

　　手工制作类作业作为小学低年段创智作业类型的一种,它的实践范围还是比较广泛的。那么,这类作业到底可以在哪些学科中开展创意实践呢?

(一) 创意实践举例
语文学科:为诗配画

　　学完课文后,让孩子动手画一画,做一做,可以强化儿童对语言文字的理解。例如:学习完古诗《赋得古原草送别》后,让孩子给古诗配画。孩子通过完成剪贴画这种手工制作类作业,将草儿长势茂盛,随风摇动的优美姿态表现出来。由此看出,儿童已读懂诗中草儿"离离",被"春风"吹拂的意境,达到了"以画代讲,尽在不言中"的效果。

数学学科：手工制作钟面

小朋友们都是怎样制作的呢？想要把钟面的时针、分针固定牢固，可是很有技术难度的。这些材料：螺丝钉、纽扣、铁丝……选哪一种呢？得好好试一试。还有钟面上 12 个数字，也要用心来装饰。孩子们把钟面装饰成了什么？蜗牛、金龟子、啄木鸟、鱼、小兔子、漂亮的花朵、多彩的小猫……这丰富的创意，让人目不暇接。钟面的样式可真多：圆的、方的；立体的、平面的；手拿的、悬挂的、摆放的……手绘、拼贴、剪接、手法多种多样、应有尽有，好快乐的数学手工制作体验活动！小朋友和家人一起 DIY，不仅有满满的成就感，更是从中学习了认识简单钟面的方法，知道了合理管理时间的重要性！

英语学科：My family

根据 1AM2U2 My family 的教学内容，设定手工制作类作业目标：

① 复习有关家庭成员的词汇：grandmother, grandfather, mother, father, me

② 运用句型询问他人身份，以及介绍自己的家庭成员：Who's she/he? He's/She's my . . . This is my . . .

设计手工制作方案：绘画并制作自己家庭成员的指套，完成后依次介绍自己的家庭成员。

（二）实践注意事项

如果要让手工制作类作业的设计与实施更有效地提高儿童的综合能力的话，在实践中还需要注意以下几点：

第一，教师要做好充分的准备工作。也就是说，教师进行手工制作类作业设计时不能想当然，更不能随意设计，必须根据教学目标，有的放矢地进行符合学情的合理设计，激起儿童的作业兴趣。

第二，教师要鼓励儿童在完成手工制作类作业后，根据制作方案和活动要求落实相关的口头训练任务。只有这样，儿童才能逐步将课堂上学过的重点识记、诵读、口头运用的内容加以巩固，使之掌握牢固。

第三，教师不要过分强调儿童手工作品的艺术性。教师要用欣赏、赞许地眼光去发现儿童作品中的优点，不断鼓励和激发儿童学习的积极性。过于严厉的要求可能会打击孩子们的制作热情，甚至会让一部分儿童厌恶这类作业。

第四,教师不要忽略开展儿童手工作品的分享活动。因为分享活动可以为儿童提供一个展示自我的舞台,进而能够有效地激发孩子们学习的自信心。

实践证明,通过对作业设计与实施的变革,我们能让作业变得更有趣、更受到孩子的欢迎。这样的作业能够有效调动儿童学习的积极性、主动性,转变儿童的学习方式,让孩子在有趣的活动中巩固学科知识、运用学科知识。这对有效发展儿童的学习能力、实践能力和创新能力有着积极的作用,儿童的学科能力、学科素养也将得到持续发展。

(撰稿者:浦隽颖)

第十章

非正式作业：以追求自我学习为向度

学习无处不在，生活中随时随处都能发生。但是儿童从6至7岁进入正式学习时期起，非正式学习的时间、空间就相对有限。规划好某一阶段的非正式学习需要教师的正确引导、合理安排以及精妙设计，促使儿童发生非正式学习行为，从而获得积极的情感态度和价值观，最终形成独立性格。

学习可以分为正式学习与非正式学习两种基本形式。20 世纪 50 年代，国外首次提出了正式学习、非正式学习的概念。多数非正式学习发生在不是学校主导或主办的过程中，而非正式作业则是儿童经历了在正式学习时间以外的时间，独立进行的学习活动，从而检测他们是否学会了的一种方法。

一、非正式作业的价值主张

非正式学习指在非正式学习时间和地点发生的，通过非教学性质的表达交流来传授知识，由学习者自我发起、自我调控、自我负责的学习。面对正处于正式学习时期的儿童而言，要规划好他们在某一阶段的非正式学习，需要教师通过作业设计引导学生，让非正式学习能够在生活中随时随地发生。因此，本文将非正式作业定义为：由教师将现有的课程活动、社会生活、自然环境等相关资源进行整合，鼓励儿童主动地进行非正式学习类活动，完成其作业，从而获得积极的情感体验和对自然、社会、人生的健康态度和价值观，形成独立性格的所有作业之和。

非正式作业设计是强调打破书本、课堂和学校的限制，在空间上向自然环境与社会生活延伸，在时间上相较时间驱动作业成本法，给予儿童更多的弹性时间，设计某一特定主题，以多种任务形式、多种探究方法为完成途径的作业。相比其他类型的作业，非正式作业弥补了正式学习类作业中的短板，强调多样化的学习任务，如探究、调查、研学、访问、操作、劳动等。比任何其他作业都要更加关注儿童在某一主题下，完成作业过程中的亲历与体验。因此，具备以下三方面的关键特征：

（一）因地制宜，因时制宜

非正式学习是能在任何地方向任何东西学习，可以是有明确目的的也可以是偶然性的。所以，非正式作业应当主动契合儿童身边时间性、季节性较强的事件，作为作业的主题内容，充分利用生活中"活"的资源，做到与时俱进。通过作业，孩子们走进丰富多彩的社会生活，关注热点，提升能力。

同时，在校园内外的自然环境、人文环境及社会生活中都饱含着丰富的素材，教师在进行充分发掘后，引导儿童密切关注生活中的事物。根据学校所处的国家、地域以及周边环境等相关实际情况，以儿童的生活环境为基础，利用各种教育资源形成非正式作业，为儿童创设更多的感悟、操作、体验的机会。

（二）富有弹性，螺旋上升

非正式作业在形式、时间和空间上都具有较大的弹性。以实践性强为主要特征，在探究、调查、研学、访问、操作、劳动等系列活动中发现和解决实际问题。作业内容打破了传统封闭的学科知识体系和单一的教学时空，鼓励孩子走出课堂，面向生活中的立体环境，其作业完成的整个过程具有很强的开放性。

相较常规硬性作业，非正式作业的计划者由教师变为儿童，上交的时间不强求于某一时间点，可以是有自由支配权的一段时间，儿童可以自主决定在何时完成作业。随着非正式学习作业的展开，儿童的认知和体验逐渐积累、不断深化，以周期性、曲线型轨迹生成新的学习目标，在亲历和体验非正式作业后，儿童自身的综合能力会像螺旋梯一样，在迂回中走到最高点，我们称之为螺旋式上升。

（三）任务驱动，真实发生

多种任务形式、多种探究方法的非正式作业，围绕同一个主题，在强烈的问题驱动下，儿童通过调动脑海中的知识体系与生活中的已知经验，自主探索、互动学习。在完成作业任务的同时，他们产生了一种想要"通过主动学习得出真知"的主观能动性。儿童的学习不单单是从知识迁移到知识，而是主动建构自己的知识经验体系的过程。

那么，非正式作业是如何做到让学习真实地发生呢？当我们走在熟悉的道路上，大脑不会关注两旁的景物；见到好朋友时，不会在大脑中出现"他是谁"的疑问;回到家中,能够不假思索地回到自己的卧室……对于可预知的情景,无法引起大脑的持续关注和学习。只有当我们把自己推入一些从未遇到过的新情境中,才有可能有意识地付诸关注。当孩子们手握非正式作业任务单时,他们会为达到某一明确目标进行非正式学习,并尝试用所学的知识去解决未知问题,这时,学习才会真实地发生。

二、非正式作业的设计路径

非正式作业和正式学习类作业应当有清晰的设计匹配属性,但两者之间的界限可以逐渐弱化甚至消除。在儿童的成长过程中,他们会需要不同情境下的成长经验、成长互动,单靠正式学习不能完全满足这些需求。因此,非正式作业的设计必须面向儿童的整个生活世界,与儿童个人生活或现实社会紧密联系,强调通过非正式学习所获得的亲历和体验来进行学习。因此,在设计过程中需要遵循以下设计要则:一是**可落实性**。非正式作业在设计之初,应由教师对儿童所能接触、感知和了解的整个生活世界进行深入的了解、调查、研究、讨论、梳理,对所确定主题的框架和思路整体规划。最重要的是作业中所包含的儿童本人、社会生活和自然世界等任务都应具有可落实性。教师通过有效方式和手段组织儿童选择和确定非正式学习研究方向,可以组成学习小组,根据儿童自身已有的知识经验、认知水平以及教师所提供的资源,引导儿童不要选择条件很难达成、难以开展的任务。二是**多层次性**。非正式作业在执行过程中无疑会存在变数,因此设计要实现多层次性。所谓多层次性就是要在作业设计中提供多种可能与开放的选择,从现实角度看,每个儿童的个体身心和生活环境都有差异,要想让每一个儿童都能在完成作业过程中获得经历和体验,就必须采取多层次性的作业设计策略,让不同层次的儿童自由选择适合自己的任务模式,享受属于他们自己的"果实",让每个儿童都体验到非正式学习的意义与价值。三是**高延展性**。有时间才可能有深度学习,设计非正式作业要做到把时间还给儿童,这就要求教师对儿童实施作业的过程加以有效指导,高效开展任务式学习。可以有弹性,但不可无止境,在保证儿童充足时间去深度学习的基础上,确定每一个主题性作业的完成时间。中低年段适合"小主题、短作业",高年级则适合"大主题、长作业"。从某种意义上讲,非正式作业为儿童的发展提供了新的发展机会,有空间才有发展的可能。此类作业的完成地点要向校园内外、家庭生活、社会环境等空间延展,但在实施过程中,往往会有安全隐患、政策许可等方面的顾虑。所以,教师需要提供相对稳定的非正式学习活动基地,与家长形成合力,建立非正式学习活动的相关制度,以确保非正式学习空间的延展性和经常性。

非正式作业设计的基本路径中,"评估时间、空间、学科等相关因素""分析儿童所处的家庭及社会环境""制定并完善儿童实施过程的方案"是教师的准备工作。根据深挖后的相关素材,抛出统一主题,设计多层次、多角度的作业内容,提供具体的学习支持,明确作业评价方式,以此推动儿童在自主完成作业的过程中获得真实感悟与收获。最后,作业设计的有效性将通过儿童的感悟表达及总结延伸得以检验。(见下图 10-1)

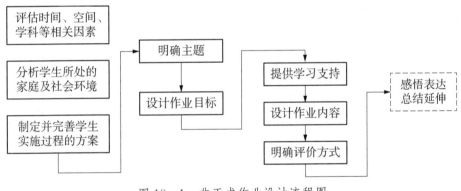

图 10-1 非正式作业设计流程图

在此,我们详细阐述非正式作业的设计方法和具体步骤。

(一)深挖作业素材

深入挖掘时间、背景等因素后,如何将儿童的学习兴趣持续地引向课外呢?这就需要我们构建课内外的联系,以课内某一知识点作为基点向课外延伸。

(二)明确主题目标

根据现有的素材,明确主题,切入口不宜过大,要围绕某一具体的特定主题进行展开。设计以儿童为主体的动手动脑、非正式学习活动,加强他们与社会的沟通与交流,帮助其了解时代最新信息。

（三）提供学习支持

非正式作业基于儿童的自主性、探索性,作业内容往往要以各种任务活动为载体,所以,必须向儿童提供相应的学习支持,即创设一些与主题相关的任务模式: 整理收集素材、组织集体参观、设计知识竞赛等。（见下表 10 - 1）

表 10 - 1　非正式学习作业设计属性表

作业项	项目	内容
非正式作业内容	对应目标	非正式作业目标 2
	学习支持	□素材收集 □集体参观 □相关文献 □知识竞赛 □家校联动
	完成时间	参观后 5 天左右
	作业形式	□合作式 □团体形 □家庭式

（四）生成评价方式

作业项目明确评价内容,学习支持决定着评价属性是否能够进行量化。依托作业形式明确评价对象,例如自己、伙伴、教师等。从而,生成非正式作业的评价量表。（见下图 10 - 2）

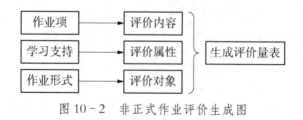

图 10 - 2　非正式作业评价生成图

我们以 2020 年上海市杨浦区少先队活动课程——领巾学"四史"争做好少年为例,具体阐述非正式作业的设计路径。

案例 10 - 1

领巾学"四史"争做好少年

背景因素:

2021 年是中国共产党建党 100 周年,习近平总书记指出:历史是最好的教科书,也是最好的清醒剂。要把红色资源利用好、把红色传统发扬好,把红色基因继承好。少先队是党领导下的少年儿童群团组织,少先队员要学好党史、新中国史、改革开放史、社会主义发展史,从历史中汲取精神力量、汲取经验智慧,努力克服疫情影响,坚定不移扣好人生第一粒扣子。

作业内容:

杨教委〔2020〕56 号文件中提出在杨浦区中小学生中广泛深入开展"四史"学习教育的指导意见,杨浦区红领巾理事会立即向全区发出倡议《领巾学"四史"争做好少年》。

基于特定的历史性时间及红色教育等因素,学校大队部开展学"四史"活动,并设计相关非正式作业。孩子们对于"四史"相对比较陌生,如何使通过一系列具有明确指向性的活动任务,形成非正式作业,让他们走到历史中去,与历史对话,从而生成体验感与价值观,成为作业设计中的思考点。再看环境因素,孩子们所处的城区——上海杨浦,具备红色资源优势,滨江初心起航地、国歌展示馆、《共产党宣言》展示馆等空间资源成为必不可少的延伸空间。

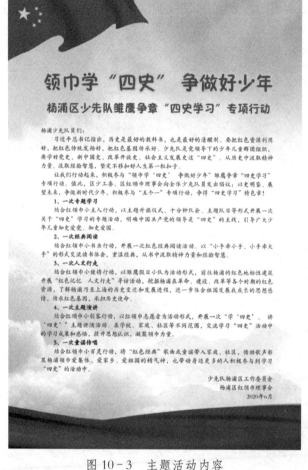

图 10-3　主题活动内容

主题名称	陈独秀与《新青年》 （新文化运动）	主题类型	A. 人物篇√　B. 事件篇√ C. 文物篇□　D. 场景篇□
素养指向	√价值体认　√责任担当 √政治认同　□理性精神 √史料实证　√历史解释	□问题解决　√人文底蕴　□科学精神 □法治意识　□公共参与　□唯物史观 √家国情怀……	
与学科内容的关联	语文学科：从文言文到白话文；历史学科：建党史；信息学科：查找相关历史、地理、环境、人物等资料。		

学习目标	(1) 了解、知道新文化运动前资产阶级改良派和革命派，在宣传各自的政治观点时，都没有彻底地批判封建思想。经过新文化运动，人们的思想得到空前的解放。 (2) 能在参观中共一大会址时，按照任务要求提取史料中关键信息，学会收集、整理和印证历史资料。感受新文化运动为新思潮的传播开辟了道路，也推动了中国自然科学事业的发展。 (3) 通过"从文言文到白话文"的变化过程，感悟新文化运动所提倡的白话文能够使语言和文字更紧密地统一起来，为广大群众所接受，有利于文化的普及和繁荣。			
学习内容	活动阶段	完成周期	内容或活动	学习支持
	行前准备	1天	了解新文化运动之前中国的文化、历史背景与环境。	1. 提供部分新文化运动文献、资料、视频，以供学习。 2. 告知行前准备要求。（准备好研学时需携带的物品，如：笔、笔记本、相机等。）
	参观与学习	1天	1. 教学问题导入："同学们，在来到中国一大会址之前，相信你们都已经了解了新文化运动，你对新文化运动有怎样的理解？"互动交流。（10分钟） 2. 解说员老师介绍参观的主要内容安排及相关注意事项和纪律。（10分钟） 3. 解说员老师讲解中国共产党创建历史文物陈列展览厅及珍贵馆藏，并观看宣传片。（30分钟） 4. 参观、学习、观赏社会主义革命和建设的各历史时期文献、实物、报刊、书籍和相片。（15分钟） 5. 观看题为《追梦》的视频短片，该短片浓缩了我党波澜壮阔的奋斗历程，党的全部历史都是从中共一大	组织孩子们参观中国一大会址，期间针对每一个孩子的完成情况、行为表现及体验度进行评价和反馈。

活动阶段	完成周期	内容或活动	学习支持
		开启的,我们走得再远都不能忘记来时的路。（10分钟） 6. 参观结束时,教师点评整场参观学习活动。（15分钟）	
思考与认知	1天	任务一：找一找。 搜寻中共一大会址中以陈独秀和《新青年》为关键词索引的所有相关历史文献资料,完成任务的队员获得一枚红色勋章。 任务二：完成团体知识竞赛。要在最短的时间内,完成所有的题目,不能借助外界力量,也不能在馆内大声喧哗。完成任务的小队队员每人都可获得一枚红色勋章。 任务三：与爸爸妈妈说说红色故事。 将陈独秀与《新青年》的故事,说给爸爸妈妈听,完成任务的队员获得一枚红色勋章。	1. 提供3个可选的非正式学习任务。 2. 组织参观一大会址。 3. 提供知识竞赛相关问卷。 4. 建立微信群,家长将孩子的故事反馈在群内交流、分享。
创作与表达	5—10天	1. 选择"思考与认知"一栏任务单中的一项完成,并进行交流讨论。 2. 阅读《新青年》中的任意一篇文章,尝试与作者对话,就参观时的感悟向作者提出一个问题。	1. 活动结束后,明确"创作与表达"作业的完成时间。 2. 收集感想、问题等,利用微信公众号制作特辑推文。
总结与延伸	7天	1. 分享参观学习心得：我的发现/我的感想。 2. 建党小故事（片段）撰写。（300—500字）	1. 整理素材、设计版面,进行微信推送,让作业得以传播。 2. 指导孩子撰写建党小故事,积极参加"话说一大"听00后讲建党故事活动。

	评价内容		自我评价	组员评价	教师评价
学习评价	行前准备				
	参观与学习	遵守纪律			
		态度认真			
		积极讨论			
		互帮互助			
	思考与认知	任务一			
		任务二			
		任务三			
	创作与表达				
	总结与延伸				
备注	评价量表以获得红色勋章为评价标准，每一项最高获得3个红色勋章，最少1个。				

　　本例中的非正式作业结合"四史"教育，教师通过评估时间、空间、历史背景等多项因素，设计了以"行前准备""参观学习""思考认知""创作表达"及"总结延伸"五大活动为内容的非正式作业。在组织参观学习前，提供部分新文化运动文献、资料以及影像，以供学习。在一大会址内的参观学习，能够让孩子们身临其境般回到当时的历史环境中。"思考认知""创作表达"及"总结延伸"三项递进式作业，以其不同的作业时间、可选择性等优势，赋予非正式作业一定的完成弹性，孩子们通过亲身经历和体验，深入理解"新文化运动"在历史上的真正意义。

三、非正式作业的发展前景

非正式作业更倾向于突破传统课堂的束缚,努力打破传统学校教育的封闭性,引导儿童调用已有的知识体系、社会经验、现有资源,开展以儿童为主体的动手、动脑、动身的非正式学习活动,使他们获得在情感态度、综合知识、实践能力、学会学习等方面的发展。在未来,非正式作业运行与操作的过程中,还需要对以下三方面进行思考:

(一) 明确作业实施对象

根据本文中所提到的非正式作业特性与优势不难发现,此类作业由于完成的空间从校内延伸至校外,从课堂走进社会,而完成的时间从今日事今日毕转变为一段时间内完成某一项任务即可。久而久之,非正式作业的实施对象也许会变成一部分"热心"家长。这类作业虽然更能锻炼孩子的综合能力、拓宽儿童的学习渠道,但有不少家长并没有真正理解这些作业对孩子成长起到的作用,反而造成"浪费时间、瞎折腾"的误解。在设计作业时,应当明确作业实施的主体是孩子,家长只是配合和辅助,不可代劳。

(二) 提供细致学习支持

非正式作业的发展对教育改革而言是好的,但落实上还需要教师为儿童提供尽可能完备的学习支持。一是教师要用儿童听得懂的语言,来讲清楚作业的设计意图与价值,以期与儿童达成共识;二要根据儿童所处的生活环境,借助一定的外来力量提供社会资源;三要避免流于形式,提升非正式作业的效果,设计时要更讲究技巧。例如在上海,小学阶段的信息技术课安排在三年级,查找资料这一要求就适合加入小学高年段的非正式作业中。如果一二年级的非正式作业中需要相关资料,教师可将文献资料以纸质文本形式下发。

(三) 尊重评价反馈差异

非正式作业在执行的过程中势必存在差异。部分家庭对这些作业是欢迎的,也善于分解与引导，但一部分儿童常常是一头雾水。因此，在设计时还可以从评价方式和创作表达两个方面努力，作业内容上从单一走向多元，这也就意味着评价模式可以是量化的也可以是质化的。甚至还要从布置作业走向选择作业，要多给儿童选择的机会，同一类作业可以设计不同的内容供儿童选择，这样更有利于儿童个性的发展。

（撰稿者：刘艳）

第十一章

跨学科作业: 培养人的全面能力

跨学科作业以一个学科为中心,多门学科融会贯通、交叉渗透进行综合化的设计、实践与评价以提升学生解决问题的能力。相较于传统的专科作业,跨学科作业有利于拓展儿童的认知视野,淡化学科界限,有利于儿童灵活运用知识,解决实际生活问题,指向于儿童多元智能发展,从而为人的全面而可持续的发展奠定基础。

作业是一个充满问题的专业领域。跨学科作业是以一个学科为中心，多门学科融会贯通、交叉渗透进行综合化的设计、实践与评价以提升学生解决问题的能力。相较于传统的专科作业，跨学科作业指向"培养人的全面能力"，从而为学生的全面而可持续发展奠定基础。

一、跨学科作业的理念与价值

跨学科（interdisciplinary）一词最早出现在 20 世纪 20 年代的美国纽约，其最初的含义大致相当于"合作研究"，学术界也称作"交叉科学（学科）"。我国于 1985 年召开"交叉科学（学科）大会"，从此，交叉科学（学科）"在科学界广为传播。目前，对跨学科概念的主要解释是：围绕一个项目，以一个学科为中心，运用不同学科知识，展开对这个项目的设计和教学。①

所谓跨学科作业，是指以某一学科为中心，以某一主题或话题作为载体，将其他各学科的知识技能、情感态度及价值观，科学、有效的融合在一起，通过不同的任务及实践活动构成一份完整的作业。在传统的专项作业设计中，教师往往局限于所执教学科的学科知识体系，设计的作业多单一乏味、缺乏时代感、脱离生活实际。然而将单一、专项的学科作业进行多学科的有机整合、优化调整，或许就能弥补传统专项作业中的短板。因此，以某一学科为中心，围绕一个主题或话题，从学科互通、交融的视角重组、设计、优化作业，加强跨学科知识融合及经验积累，达到跨学科优势互补的目的，实现教育效能的最

---

① 汤慧慧.跨学科融合式单元主题教学实践研究——以小学英语学科为例[J]. 教育参考，2019（02）：89—97.

大化。

在《中国学生发展核心素养》的指导下,新的课程理念告诉我们,要实现多维、立体的育人目标就必须思考学科目标的多维度化、多元化,灵活运用学科间的相互交叉、相互融合、相互渗透,才能弥补单一学科对学生造成的学习乏味的短板,从而在提高学生学习能力的同时让学生在综合性的学习中锻炼横贯能力并养成全面考虑问题的思维模式。跨学科作业正是对学习资源的重组、整合,是将新课程理念转变为一种可具操作性的教学实践举措。这类作业有利于拓展儿童的知识认知视野,淡化学科界限,有利于儿童灵活运用知识解决实际生活问题,积累生活经验。它指向于儿童多元智能的发展,从而为人的全面而可持续的发展奠定基础。此外,在设计跨学科作业的同时,教师通过对学科知识的再认识、再研究,对儿童学习兴趣、学习经历及学习需求的再分析,对作业内容的统筹规划设计,对作业形式及评价的多样化编制,不断提升自我的专业素养。

二、跨学科作业的设计与分析

(一)设计要则

作业设计反映了作业自身的质量,也直接影响到学生的作业体验与品质。跨学科作业设计基于课程标准,依据学生学情,尊重个体差异,以设定跨学科作业目标、确定各学科作业目标、规划作业内容、确定作业形式和优化作业分析等方面开展。为凸显跨学科作业的效应,我们在设计过程中需要遵循以下设计要则:一是**串联性**。跨学科作业以一个学科为中心,横向联系不同学科中的相关知识、技能、情感、态度、价值观等内容围绕一个主题或项目活动开展活动。二是**多样性**。跨学科作业在同一主题或项目活动中需实现主体学科与其他学科融合的多样性。即力求:作业内容的多样化;作业过程的活动化;作业呈现方式的多元化。强调学生亲身经历丰富多彩的生活世界,要求学生积极参与到多样化的活动中并以不同的形式综合化的表现作业结果。三是**开放性**。跨学科作业打破专项作业封闭式、可预见式的特质,具有开放性。即:没有固定唯一的评价标准。作业设计面向每一个学生的个性发展。四是**实践性**。跨学科作业以学生的学习水平及现实生活经验为基础发掘资源,强调学生在"做""玩""唱""画""探究"等活动中开展。

(二) 设计思路

基于以上作业设计要则,通过跨学科作业的研究、设计和分析,提炼出跨学科作业设计的基本思路(见图 11-1)。此流程中,"研读课标"指向研读《小学课程标准》的成果转换;"学情分析及学科调研"指向学生对各学科的兴趣爱好、知识需求及能力储备;跨学科作业设计的合理有效性将通过作业呈现进一步分析与优化,该步骤在作业设计后开展,以虚线表示。

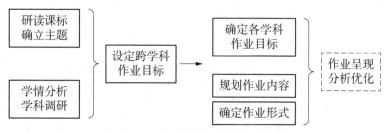

图 11-1 跨学科作业设计流程图

(三) 设计流程

跨学科作业设计经历流程图中的四个阶段。教师基于课程标准,依据学生学情,尊重个体差异,围绕一个主题,从学科融合的视角规划跨学科作业设计。从而达到不同学科知识体系、思维体系间的整合、优化,发挥多元智能要素之间的相互作用,以优势带动全面智能和素质的发展,力求培养学生的全面能力。

以 Oxford English 1A Modue1 Unit3 My face 跨学科作业为例,具体阐述跨学科作业的设计方法。

案例 11-1

Moduel Unit3 My face 跨学科作业设计

模块与主题：Module1　Getting to know you

Unit 3 My face

研读《小学英语学科基本要求》,根据英语学科单元教学内容及要求解析,确立单元教学主题及作业主题;设计英语学科单元教学目标、制定英语学科作业目标。

本例中的教材内容以人物脸部器官的识别为主题,内容围绕了解及介绍自己的五官并能识别自己的画像展开。在跨学科作业设计时,我们按照以下流程开展:**第一,设定跨学科作业目标。**跨学科作业设计的必要步骤是以某一学科为主体,研读课程标准,确立作业主题。依据学生的学情和学科调研的情况,各学科围绕主体学科作业目标设立作业目标和任务。以下是本例以英语学科为主体的跨学科作业主题及目标设定:

表 11-1　英语学科作业目标

项目	内　　容
学习内容	2.1　核心词汇(eye, mouth, face, nose, ear) 3.2.1　人称代词、物主代词(Possessive adjectives:my, your) 3.2.2　指示代词(Demonstrative:this) 4.2.3　祈使句(Imperative:Touch … Look!) 4.2.1　陈述句(Verb to be:This is …) 5.1.1　基本信息(Look and say, Look and learn, Play a game, Say and act, Listen and enjoy)
作业主题	My face
作业目标	1. 能认读、理解并运用核心词汇:eye, mouth, face, nose, ear 2. 能认读、理解、运用核心句型 This is … 3. 能运用句型:Touch … Look! 4. 能在情境中,了解自己五官的位置,简单介绍自己的五官,并能识别自己的画像

第二,分析学情,开展学科调研。通过学情分析和学科调研,了解学生的兴趣点和学习需求,以及在各学科学习中已经具备的能力。本例中,一年级学生通过二个单元的英语学习,能进行简单的仿说练习;在数学学科中,能进行准确的数数活动;在音乐学科中,能够较好地跟唱歌曲,并比较喜欢有节奏感的歌曲;在体育学科中,学生具有加强的肢体模仿能力并对游戏规则有了初步的概念认识。在美术学科中,学生比较擅长大面积涂色和创意绘画等活动。基于以上学情分析和学科调研情况,本例的跨学科作业目标设定如下:

表 11 - 2　跨学科作业目标

主题:My face	
学科	作业目标
英语	1. 能认读、理解并运用核心词汇:eye, mouth, face, nose, ear 2. 能认读、理解、运用核心句型 This is … 3. 能运用句型:Touch … Look! 4. 能在情境中了解自己五官的位置,简单介绍自己的五官,并能识别自己的画像
数学	能正确进行 10 以内的数数练习
音乐	能跟着旋律及相应节奏进行简单的哼唱
体育	能与同伴开展模仿游戏
美术	能完成有关五官的绘画练习
科技	能了解并认识自己的五官

第三,规划作业内容,确定作业形式。跨学科作业目标设定后,各学科须结合学科特点,把握一条主线,围绕作业目标,将各学科有机整合渗透,规划作业内容。结合学生的生活经验和学习基础确定作业形式。在跨学科作业设计中,兼顾多学科的知识、技能、过程、方法、情感、态度、价值观在活动经历中的生成。本例的跨学科作业内容及呈现形式如下:

表 11-3 跨学科作业内容及呈现形式

		主题：My face	
学科	作业目标	作业内容	作业呈现形式
英语	1. 能认读、理解并运用核心词汇：eye，mouth，face，nose，ear 2. 能认读、理解、运用核心句型 This is … 3. 能运用句型：Touch … Look! 4. 能在情境中了解自己五官的位置，简单介绍自己的五官，并能识别自己的画像	1. Listen and enjoy 跟唱有关人体五官的儿歌 2. Let's draw 结合自己和朋友的五官画像用 This is … 的句型向大家做介绍 3. Let's play a game 结合 Touch … Look 句型完成"你指我猜"的游戏 4. Let's draw 结合自己和小伙伴的五官画像向大家做介绍	1. 个人演唱表演 2. 个人绘画展示，介绍 3. 小组合作开展游戏 4. 个人绘画展示，介绍
数学	能正确进行 10 以内的数数练习	Let's count! （让我们一起来数一数吧！） 数一数小怪兽脸上的五官数量	小组比赛
音乐	能跟着旋律及相应节奏进行简单的哼唱	Listen and enjoy! （请跟着音乐唱起来吧！） 跟唱儿歌 My face	个人演唱表演
体育	能与同伴开展模仿游戏	Let's play a game! （请和小伙伴或家人一起做游戏吧！） 完成"你指我猜"的游戏	小组合作开展游戏
美术	能完成有关五官的绘画练习	Let's draw! （请在"Me Book"小绘本上画上自己和小伙伴的五官画像并向大家做介绍！）	个人绘画展示，介绍
科技	能了解并认识自己的五官	在"Me Book"小绘本上画上自己和小伙伴的五官画像	

三、跨学科作业的案例与实践

基于上述跨学科作业设计要则及方法，教师按照课程标准的要求，依据学生学情和学科调研情况，规划作业设计，规范作业设计编制，兼顾多学科的知识、技能、过程、方法、情感、态度、价值观在作业活动经历中的生成，激发学生对于相关主题的学习兴趣和信心,力求达到能为学生综合实践运用服务的目的,使学生能够乐意做作业,真正的用心做作业。

（一）跨学科作业的案例分析

本例跨学科作业设计,教师以英语学科作为主体学科,遵循跨学科作业设计的串联性原则,基于课程标准,确立作业主题。依据学生学情和学科调研情况以达到语言与数学、语言与音乐、语言与运动以及语言与艺术的融合。同时,教师遵循跨学科作业设计的串联性、多样性、开放性及实践性原则,对作业进行了创造性的设计,让学生在"唱一唱""数一数""玩一玩""画一画""说一说"等活动中发展观察、记忆、思维、表达和想象力等综合素养。同时,通过生活化的情境引入也增强了学生的实际运用语言的能力,提高学习效果,并在小组合作及个人展示等环节中给予学生更多个性发展的空间。

Oxford English　1AM1U3 My face

牛津英语一年级　M1U3 My face

I. Listen and enjoy! 请跟着音乐唱起来吧!

My face
Eye and ear,
And mouth and nose,
Mouth and nose,
Mouth and nose.
Eye and ear,
And mouth and nose,
This is my face.

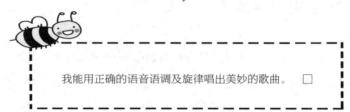

我能用正确的语音语调及旋律唱出美妙的歌曲。　□

II. Let's count! 让我们一起来数一数吧!

This is my face, ___1___ face.

This is my eye, _____ eyes.

This is my ear, _____ ears.

This is my nose, _____ nose.

This is my mouth, _____ mouth.

How funny!

在小组竞赛中,我能正确数出小怪兽的五官数量。 ☐
我能用正确的语音语调介绍小怪兽的脸。 ☐

III. Let's play a game! 请和小伙伴(家人)一起做游戏吧!

Touch your face.

This is my face.

Touch your ...

This is my ...

...

...

我能用正确的语音语调流利地和小伙伴(家人)一起做游戏。 ☐

IV. Let's draw! 请在"Me Book"小绘本上画上你自己和小伙伴的五官画像并向大家做介绍！

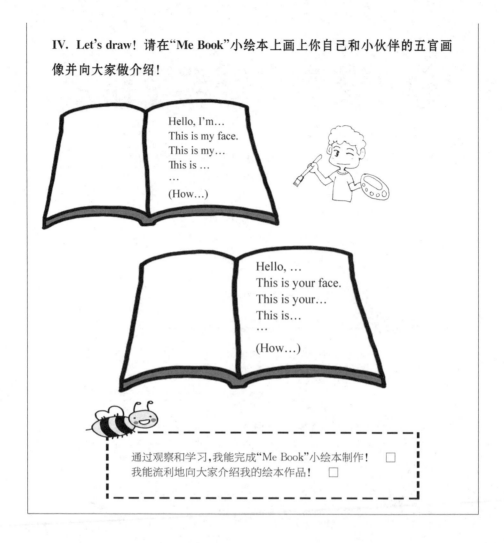

Hello, I'm…
This is my face.
This is my…
This is …
…
(How…)

Hello, …
This is your face.
This is your…
This is…
…
(How…)

通过观察和学习,我能完成"Me Book"小绘本制作！ ☐
我能流利地向大家介绍我的绘本作品！ ☐

（二）跨学科作业的实践研究

在跨学科作业设计与实践的过程中,教师应该始终坚持以串联性、多样性、开放性、实践性原则规范作业设计,通过多学科交叉融合,提升学生解决问题的能力,从而提升学科核心素养。在跨学科作业设计与施行中,一般需从以下几个方面开展实践研究落实操作。

1. 作业类型多样化,丰富实践体验。在跨学科作业设计中,依据学业内容,设计或体现某门学科认知技能特点的或凸显学科之间互为支持、互为优化关系的题型、题目。依据学生学情，将跨学科作业的形式设计为更多样性，以生活化的视角、开放性的体验促使学生主动参与作业任务中，乐于实践、合作及交流。真正把学生从专科作业的封闭环境中解放出来，让学生体验各学科有机融合的作业新模式，使作业达到能为提高学生的综合实践运用能力及学科核心素养服务的目的。

2. 作业评价多元化，满足个性发展。在传统的专科作业中，评价多从客观题正确与否的角度来进行，而跨学科作业的评价与专科作业相比应更具多元化样貌。第一，跨学科作业评价应体现儿童个性化发展的需求，由纠错型向欣赏型转变。在上述案例中，Let's draw！（请在"Me Book"小绘本上画上你自己和小伙伴的五官画像并向大家做介绍！）这一绘画及介绍作业，有的学生绘画非常出色，但是在介绍时不够流利、自信。这时，教师给予的评价应该以欣赏和鼓励为主，在正向激励的情况下，不但让学生看到自己的不足，更多的是让学生看到自己的优势，提升学习自信。第二，跨学科作业评价应更注重过程性评价。注重儿童在作业过程中的智力因素和非智力因素的表现；注重儿童完成作业的思路及方法；注重跨学科作业中儿童在特定学科知识技能中的多元智能发挥等。在上述案例中，Let's play a game！（请和小伙伴或家人一起做游戏吧！）学生在和同伴或家人游戏的过程中认识及介绍五官，从而知道每个人都是不同的，初步形成悦纳自己和他人的态度。第三，跨学科作业评价应关照团队作业中的小组及个人。在传统的专项作业中，完成作业的对象大都是个体，而跨学科作业更注重团队合作完成。因此，跨学科作业评价既要针对个别学生，也要针对团队，特别是对他们在作业中表现出来的情感态度价值观予以评价。在上述案例中，Let's count！（让我们一起来数一数吧！）学生在小组竞赛中表现出强烈的团队合作意识，能力强的学生主动帮助、积极协助能力薄弱儿童完成任务，能力薄弱的儿童不怯场、不示弱，勇于自我表现、表达自我、乐于接受挑战。过程中，教师给予团队合作的正向激励评价，不仅激发了儿童的合作学习兴趣，而且使得多数儿童在综合性学习中趋近或达到自己的"最近发展区"。

3. 作业设计综合化，提升教师素养。跨学科作业的设计更具综合化，这也对教师提出了更高的专业要求。教师在设计跨学科作业的过程中，要从学情分析、学科调研、目标制定、主题确立、内容汇总、形式分布、作业规划和作业评价等方面进行综合化的考量。既要关注学生的学习兴趣、学习基础、学习经历及学习需求，调研并掌握某一主题下相关的知识内容，又要规划出具有科学性、有效性的跨学科作业内容，具有多样化的跨学科作业形式及具有综合化的跨学科作业评价，从而培养儿童的创新实践及团队协作能力，促使其多元智能的全面发展。相信，通过上述跨学科作业的综合化设计，定能提升教师的专业素养。

（撰稿者：蒋薇佳）

第十二章

探究类作业: 引导儿童提升思维品质

探究类作业是以儿童作为活动的主体,立足于儿童的学,通过探索研究习得知识,获得经验,形成创新力。探究类作业根据教学内容和儿童特点,把儿童生活中遇到的问题转变成为学习上的问题,它花样繁多,可以充分发挥儿童思维的发散性和创新性,推进儿童在科学素养、创造力、实施力等方面的发展。

探究类作业作为作业变革的一种，它更具有改革性。它既继承了传统作业的预习性和复习性，又开拓了儿童的自主学习性。探究类作业在设计、执行和评价上具有自己的独特性，即科学性、创新性、多元性、自主性、实践性。这五大特性突破了传统作业的范畴，使得作业更符合儿童发展的需求，更符合社会对人的需求。探究类作业从多方面、多角度、多维度地培养儿童的习惯、能力、思维、情感等核心素养，促进儿童全面发展。

一、探究类作业的传承探索

唐·元行冲《释疑论》："康成於窜伏之中，理纷挐之典，志存探究，靡所咨谋。"其中，探究是"探索追究"之意。1996 年版的《现代汉语词典》也将探究定义为"探索研究，探寻追究"。我们一般认为"探究"就是科学探究，就是科学家在已有认识的基础上运用科学的方法，有系统地对客观事实进行分析、概括，揭开其本质，探索新规律的认识过程。其实还有一类学习性探究，是指儿童在学科领域内或现实生活情境中选取某个问题作为突破点，表达与交流等探究学习活动，获得知识，掌握方法。"作业"在《辞海》中的定义是：为完成生产、学习等方面的既定任务而进行的活动。从中可以看出，作业是一个很宽泛的概念。从教育的角度来说，"作业"就是学校布置的功课。综合上述，"探究类作业"是指学校布置的让儿童在探究过程中形成解释，获得答案并进行交流、检验的作业。

探究类作业是对传统作业的一种变革，其目的是推进教师与儿童在科学素养、创造力、实施力等方面的发展。其重点是培养儿童科学素养，培养儿童自主学习能力、探究能力与创新能力。探究类作业与其他类别作业相比较，具有以下教学价值。

（一）科学性

探究类作业的过程一般包括明确任务、建立团队、制定计划、收集资料、提取信息、得出结论、展示交流等步骤；同时在探究过程中还运用多种探究方式：观察、调查、搜集、整理、讨论……探究类作业实施的过程比较严谨科学，得出的结论也较客观。

（二）创新性

探究类作业没有统一的、标准的答案，即便为了完成任务搜集的资料，但是根据所搜集的资料也可以得出不同的结论，往往儿童会突破常规，发现或产生新奇、特别的有价值的结论。在探究的过程中，儿童也会提出新的问题，与原有的作业重新组合，重新得出不同寻常的结论。

（三）多元性

探究类作业在组织形式、过程中运用的探究方式、作业完成的形式都呈现出多元性。作业组织形式有：个人、小组、亲子、外援……依据过程中运用的探究方式，探究类作业又可以划分为实验类、调查类、观察类、项目类、文献类……探究类作业完成的形式多种多样：口头形式的汇报，文字形式的小报告，图文并茂形式的PPT，表演形式的情景秀，操作形式的实验秀……

儿童在完成探究类作业的过程中，能促进其在知识、能力、情感等多方面多维度的成长，即在原有的知识上拓展了范围，在能力上有了提升，在情感上形成了正确的价值观。

（四）自主性

探究类作业是以儿童作为活动的主体，立足于儿童的学。儿童在主动参与探究活动过程中以自己的经验和知识为基础，通过自己的探寻和发现、体会与践行，用自己的方式将习得的新知放入自己已有的认知结构中，并尝试用学过的知识解决新问题。整个活动中，儿童始终占据主导地位。

（五）实践性

探究类作业根据教学内容和儿童特点，把儿童生活中遇到的问题转变成为学习上的问题。儿童借助探究方法,调动多种感官探索、发现生活问题,用已学知识解决生活问题,使得儿童的实践活动始终贯穿学习活动。

二、探究类作业的设计要领

探究作业的设计直接影响到儿童对学习的兴趣,一份好的探究作业能让儿童带着对未知充满兴趣的情感体验完成作业,既不羁绊儿童思维与创造力的发挥,也不妨碍儿童素养的发展,能引导儿童在探究过程中,形成综合能力,为儿童的终身发展打下坚实的基础。

为凸显探究类作业的效应,我们在设计过程中需要遵循以下设计要则:

一是统一性。探究作业是为达成教学目标服务的,其内容的选择、方法设计、评价的指标要与教学目标、教学内容、重难点以及儿童学习水平、身心特点保持统一性。**二是开放性。**探究作业可以是课前的预习、课后的延续,还可以是教材的外延,范围越广,儿童越可以充分发挥自己的创造力和想象力,发展自己的个性;探究作业的答案没有唯一性,注重结合所学知识和实际生活相结合,更具有开放性。**三是任务性。**探究作业要设计出具体的、可操作的任务,儿童可通过参与、观察、查找、记录、互动、实验、交流、合作等学习方式来完成任务。在完成过程中能充分调动儿童的各种能力和他们已有的知识,在探究的过程中认知、感知自身能力,从而形成新的能力。

基于以上作业设计要则,在"研读课程标准""解读教材内容""分析儿童情况"之后"设定作业目标",再根据探究类作业的特点,"制定任务单"和"设计评价表格",具体见图 12-1 探究类作业设计流程图。此流程图中,虚线表示"完善作业",该步骤根据儿童完成作业后的情况开展,是为进一步优化作业而设定的。

该流程图是探究类作业设计的最基本流程,它们一环扣一环,缺一不可。整个流程中,教师基于课程标准,基于儿童的学科基础和年龄特点,将课程资源中的知识技能转化为任务,让儿童在实践中获得新知、发展能力、拓展思维、丰富情感,促进其学习习惯、学习态度、心理品质的养成。

下面具体阐述探究类作业的设计方法。

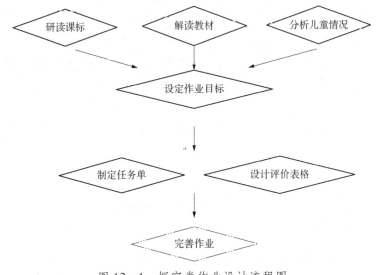

图 12 - 1　探究类作业设计流程图

（一）设定作业目标

探究作业设计的必要步骤是依据教学目标设定作业目标，以免作业与教学目标和教学内容有偏驳。作业目标的设定以学科课程标准为基准，以学科基础为基点，以儿童身心特点为基本，综合教学内容而设定，同时兼顾知识、技能、能力、方法、情感、价值等多维度目标的达成。

（二）制定任务单

作业目标设定后，须围绕目标提出任务，制定任务单。任务单可以从内容、时间、探究方法、参考资料、参观、访问、调查、结论……多个方面去设计。任务单制定主要来源于教材、课堂活动等，制定任务单时须充分考虑任务所指向的是儿童的学习水平、能力水平，重点关注以下问题：内容是否与教材内容有关？内容是否与教学目标相匹配？内容的范围是否比较宽泛？内容是否符合儿童的认知特点和生活经验？需要独立完成还是几个人组团分工完成？

（三）设计评价表格

任务单制定后，须根据目标和任务单设计评价表格。探究类作业更注重的是过程性评价,因此评价可以从兴趣、习惯、态度、能力、情感、成果等几个方面多维度地进行评价。参与评价的人可以是自己、家人、同学、老师等。

我们以《道德与法治》教材中《风儿轻轻吹》和《这些东西哪里来》两课为例在研读课标、分析教材、分析学情后设计了如下探究作业。

案例 12 - 1

"我会'创造'风"学习任务单

如果没有自然风,怎样才能让你的小风车转动起来呢? 请你想想办法"创造"风,办法想的越多越好。如果你实在想不出办法,可以请别人来协助你,也可以自己上网查找。

	方法		协助者
我会用	1.	"创造"风	
	2.		
	3.		
	4.		
	5.		

"我会'创造'风"学习评价单

评价内容	评价标准	自我评价	家长评价	教师评价
独立思考	每想出一个方法得 2 颗"☆"			
上网查找	每找出一个方法的 1 颗"☆"			
找人帮忙	每帮忙一个方法的 1 颗"☆"			

案例 12 - 2

"探秘物品的一生"学习任务单

　　每件物品都是从无到有,它究竟经历了哪些过程才最终到达了我们的手中? 请你们自由组合成一组,利用一周的时间分工合作一起"探秘物品的一生"吧!

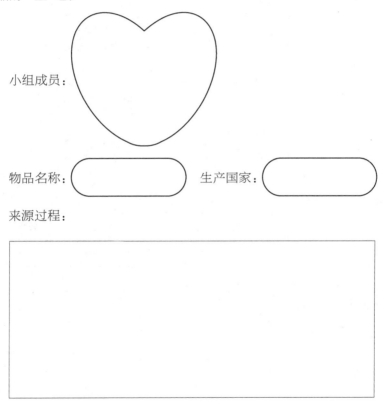

小组成员:

物品名称: 　　　　　　　　　生产国家:

来源过程:

　　每件物品都有它被创造的价值和对环境、对人有害的地方,请你们利用一周的时间找到它的优缺点,并讨论研究改进它的缺点,提出一些建议,发表感想。最后一起商讨如何把小组的研究成果汇报给同学们。

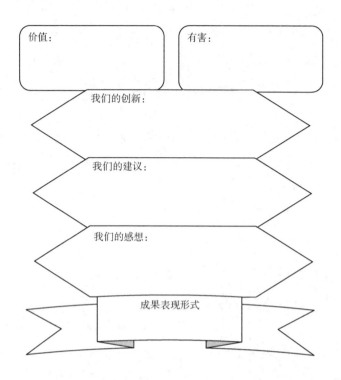

价值：

有害：

我们的创新：

我们的建议：

我们的感想：

成果表现形式

"探秘物品的一生"学习评价单

评价内容	评价标准		自我评价	小组评价	教师评价
兴趣	积极参与,关注小组活动。		☆☆☆	☆☆☆	☆☆☆
探究能力	搜集	能利用网络等资源收集与任务相关的信息。	☆☆☆	☆☆☆	☆☆☆
	归纳	能整理信息,能归类统计汇总信息。	☆☆☆	☆☆☆	☆☆☆
	讨论	能认真听他人的建议,能发表自己的看法。	☆☆☆	☆☆☆	☆☆☆
	合作	乐于与他人合作,并能与他人分工完成任务。	☆☆☆	☆☆☆	☆☆☆
	实践	能有条理地描述符合生活实际的创新想法。	☆☆☆	☆☆☆	☆☆☆
成果展示	资料内容齐全,展示形式多样。		☆☆☆	☆☆☆	☆☆☆

本两例探究作业遵循了探究类作业设计的统一性、开放性、任务性原则，"我会'创造'风"作业案例重点培养儿童科学性和创造性，能根据儿童日常与风玩耍过程中的感受去制造风；"探秘物品的一生"作业案例从整体性原则进行了考虑，作业内容既与前一课《我们的衣食之源》有联接，又联系了第五单元《让生活多一些绿色》。在多元性、创新性、实践性的作业活动中，培养了儿童的科学素养，培养了儿童的自主性，培养了儿童的综合能力。以上两个作业案例的评价单都是从儿童的学习兴趣、学习态度、学习能力等方面进行设计的，特别注重儿童探究能力的形成，引导儿童学会探究，掌握方法。从上述两个作业案例中，我们可以窥见作业活动与评价之间相互匹配、相互衔接、相互呼应，层层递进，直指儿童核心素养的培养。在评价过程中，儿童的逻辑思维能力和思辨能力逐步形成，这一过程构成了儿童学习的必要经历。

三、探究类作业的准情酌理

探究作业与传统作业相比更能让设计者和完成者成长，即教师和儿童在不同的领域内，不同的经历中一起成长。教师和儿童在思维品质上、科学素养上都有不同程度的提升，教师的设计能力、专业素养在这过程中不断地提高，儿童的探究能力、创新能力也在逐步提高。在探究作业设计与实施的过程中，我们还发现需要特别关注以下几个方面。

（一）建立教师的远瞻性

在探究作业设计的过程中要全方位考虑课标、目标、生情、教材、方法、能力、情感、价值等方面，同时还要兼顾生活化、儿童化、任务化等指标，这些因素的组成使得教师必须站得高，看得远。另外，在设计作业的过程中，教师除了心中有本课的教材、目标，还需要有单元教材和目标，甚至还需要有整本教材和目标，要有大局观,要有宏观思想才能设计出合理又合规、质量优良的探究作业。

上述第二个案例教师设计的作业中不仅包含了《这些东西哪里来》这课的内容：物品的生产过程、物品给人们带来的舒适和方便以及改良之处,还链接了前一课《我们的衣食之源》,追根溯源物品的来源离不开农业生产。教师还考虑到第五单元《让生活多一些绿色》中的环境污染、垃圾分类等内容。

教师只有建立远瞻性,才能设计出一份包罗万象又精炼的探究作业。一份好的探究作业不但能培养儿童的学科素养,而且培养了儿童对学习的热情和自信,同时也减轻了他们的学业负担。

（二）建立儿童系统性思维力

教育的目的就是把儿童培养成有用的人,对社会做出贡献的人,也就是社会需要的人才。思维能力是人才必备的素养之一,思维能力又包含很多,其中系统思维可以使一个人变得聪慧而理智,可以让一个人从整体出发考虑问题,抓住问题的各个方面,不忽略重要细节,能够很好地处理整体与部分的关系。探究类作业就是要让儿童建立起系统性思维力,使其成为社会需要的人才。

上述第二个案例中,教师设计了"我们的创新""我们的建议""我们的感想"三个内容,就是引导儿童从整体出发,思考物品的优缺点,改进物品的缺点和危害之处,提出合理化的建议,并能由表及里归纳出物品背后是无数劳动者的辛勤汗水和智慧,感悟到自己现在要努力学习,将来才能创造发明更好的物品为社会、为国家做出贡献。

（三）建立儿童逆向思维力

培养儿童创造能力和解决问题能力是非常重要的,在两个能力中还有一个核心思考能力——逆向思维力。逆向思维,顾名思义不是从事物的正面去思考问题,而是反方向思考问题,这种思维方式常常能够使问题创造性解决。逆向思维会使儿童在多种解决问题的方法中获得最佳方法和途径,独辟蹊径,在别人没有注意到的地方有所发现。在日常生活中,通过逆向思维会将复杂问题简单化,可以轻松破解一些难以解决的问题,从而提高办事效率。

上述第一个案例中,教师依据课文的内容"和风儿一起玩"设计了探究作业

"我会'创造'风"，就是引导儿童逆向思维。在日常生活中，儿童们会利用风玩各种游戏：放风筝、吹泡泡、转风车……可是"风是怎么来的？"这个问题对低年级的儿童来说难度有点高，因此降低难度设计了"我会'创造'风"的探究作业，让儿童反过来思考：如果没有风，我怎样和风玩呢？我用什么方法制造风？这样类似的逆向思维多运用，儿童解决问题的能力将会大大提高。

（四）注重儿童价值观的形成

价值观是人在待人接物时所表现的态度、想法、判断或抉择。价值观能影响和决定一个人的人生观、世界观……

儿童的价值观不是一蹴而就的，选择怎样的人生目标，走怎样的人生道路，如何处理个人与集体、现实与理想、得到与付出、生与死等一系列矛盾，正确的价值观对儿童今后发展是非常有利的。在探究作业实施过程中，资料收集时的诚实和偷懒，与人合作时的喜欢和讨厌，讨论时的赞同和反对，还有成果展示时的自信和胆怯……诸多方面都有儿童价值观作用的存在。教师在参与儿童探究活动中，关注儿童在活动中产生的价值观，及时引导儿童形成正确的价值观。

（五）正视教师的指导作用

探究类作业始终以儿童自主性活动为主，但是不能忽视了教师的指导作用，两者的关系是相辅相成的。由于小学阶段的儿童年龄小，各方面的能力还不足以完全支撑他们完成探究作业，因此教师必须要参与其中给予帮助和指导。

教师是儿童探究活动的组织者、指导者，不是儿童探究活动的观察者，而且教师还要参与儿童探究活动的整个过程。在儿童探究活动的过程中，教师的指导贯穿始终，包括前期准备阶段中儿童的组队、任务的确定和完成时间等，探究过程中的资料的搜集、方法的指导、新问题的发现等，以及最后阶段的总结、交流、评价等。在整个探究活动过程中，教师重点指导儿童获取知识的方法，培养他们的能力，引导他们形成正确的价值观。

在组织儿童开展探究活动时，教师不要过多地干涉儿童的选择，要允许他们失败、闹矛盾，让他们在失败中、矛盾中磨练、磨合，形成正确的价值观。在具体方法上，教师的指导也不要面面俱到，应该放手让儿童自己思考、设计、创新，从而形成自己的经验和能力。在探究的过程中,教师要及时发现和挖掘儿童的优秀表现,及时表扬推广,给儿童前进的勇气,让儿童在探究中体验成功的快乐,身心得到健康的发展。

（撰稿者：张昀）

第十三章

专题类作业： 融合于生活的作业

　　专题类作业是德育实践活动的一个组成部分。专题类作业的设计关注儿童社会性发展需求，根据不同年龄儿童的身心发展规律、个性差异和接受能力，在家庭、社区等场所组织和开展实践活动，力求让儿童在实践中体验、在体验中成长，唤起心中道德意识，继而转化为道德行为。

作业是教师布置给孩子做的功课,是为完成生产、学习等方面的既定任务而进行的活动,是以儿童为中心的教学双边活动。教师通过作业不仅可以检测孩子们是否掌握了课堂所学的知识点,也可以加强儿童的道德修养,修行道德实践。专题类作业是实践活动的一个组成部分,由教师围绕某一个专题去设计和布置作业。教师在作业设计中,从小事入手,让孩子在家庭、社区等场所开展实践活动来完成作业,同时唤起心中道德意识,继而转化为道德行为。

一、专题类作业的内涵与价值

专题类作业与其说是一项作业,不如说是一项任务,是一种手段,是一种形式,其核心为培养孩子正常情感、正常人格的发展。专题类作业让孩子在生活实践中,从小事做起,根据自己的喜好和兴趣,学会求知、学会交往、学会感恩、学会生活,增长见识,增加历练,培养独立生活的意志,学习从校园走向自然,从家庭走向社会。

随着社会的发展,对人才的要求也越来越高。然而在孩子的成长过程中,许多家长的衡量标准往往只聚焦在学习成绩上,一俊遮百丑。这一价值取向,助长了孩子唯我独尊和对他人冷漠的不良风气。因此,学校需要多角度全方位地开展思想道德教育,通过一个个活动主题,布置相应的专题类作业,让孩子从生活的小事中体会、感受。通过完成不一样的人生功课,让孩子和家长感受到较之知识性学习,先学会做一个善良、谦虚、会体谅、关爱他人的人,孩子才能更好地成长。

专题类作业立足课程视角,聚焦核心素养,以作业为形式开展实践活动。比如亲情这一专题作业是通过亲情观察、亲情沟通、亲情体验等途径,让儿童从行动上尊敬长辈、感悟亲情、学会自理,不断成长。相较于其他类别的作业,专题类作业与儿童的生活实际紧密相关,更能体现以下教学价值追求,具有生活性、体验性、情感性等特征。

（一）生活性

一般来说,作业是课堂教学的巩固和拓展,局限于学科知识范围,离孩子的实际生活和社会生活有一定距离。著名教育学家陶行知曾经说过:社会即学校,生活即教育。社会和家庭是育人的大学校,是儿童学习的大课堂。专题类作业是切切实实在生活中进行,从儿童已有的生活经验和知识积淀出发,在生活中体验、实践,并逐渐形成道德观念、感恩之心,养成良好品行。它促进知识与情感、态度、价值观的有效融合,作业过程是发展个性化情感能力的过程,具有课程回归生活世界的特点。

（二）体验性

知识的积累必须到实践中去体验才能掌握牢固。良好品行的养成不是纸上谈兵,而是儿童在现实生活中自己去亲身体验得来的。在全面推进素质教育的今天,教师的作业布置关注到了孩子的差异和不同的需要,更关注儿童的内心感受。专题类作业开放性强,孩子们可以按教师的引导,根据自己的兴趣、需求和能力选择适合自己的方式,在亲身实践中完成作业,在作业中去体会和感悟。这种方式有利于培养儿童的创新思维和实践能力,让孩子们在体验中成长。

（三）情感性

人的情感性素养是一个人道德品行的基础,也是道德教育现实化的重要保证,是整个人类道德及道德教育发展的基石。作为教师不仅要教书,更要育人,培养孩子健康的情感。情感是一个人生命态度的重要表征,情感的存在、表达方式及其质量反映了人的精神面貌。专题类作业是鼓励儿童在自我实践中构建道德标准,激发和升华情感的过程。因而它不同于以往只注重理论、不注重儿童自身情感体验的传统道德教育,而是关注到了孩子的情感世界,鼓励儿童在心中建立起积极、健康的情感，并饱含热情地投入到生活中。

二、专题类作业的设计与实例

专题类作业是实践活动的一部分，是结合学校开展了相关主题教育后布置的作业。比如学校在进行了亲情教育后，可以布置亲情作业，让孩子在实践中得到体验，在体验中成长。专题类作业设计时，教师可以结合不同的课程，从孩子实际出发，引导他们自主开展力所能及的、形式多样的活动。

为凸显专题类作业的效应，我们以亲情这一专题作业设计为例，提炼出在设计过程中所遵循的要则：一是**整合性**。专题类作业不同于一般的语数英等学科作业，老师可以结合各类课程进行作业布置。**与德育课程结合**：将《道德与法治》课程书本上所学的用到生活中去。在学习了三年级第一学期《家是最温暖的地方》这一单元后，教师可以结合课堂学习的内容，让孩子了解爸爸妈妈的工作以及祖辈们平时做些什么，体会他们的辛苦和对自己的爱，从而尽自己力，通过做力所能及的事情来感谢家人。**与其他课程结合**：可以结合数学作业，和家人一起游戏。如学习了20以内的加减法，可以利用创意数牌和家人一起玩玩游戏，在游戏中逐步达到熟练掌握的目的，同时也在游戏中增强家人间的情感，拉近彼此之间的距离，营造良好的家庭氛围。**与节日课程结合**：以节日为契机布置相关作业。如利用春节、重阳节、中秋节等传统节日，在小长假中鼓励孩子制作孝心贺卡、开展孝心陪伴、走进孝心厨房等行动，引导孩子感受、感恩亲情，体验、记录亲情，增强孩子与家长对家庭、对社会的责任感。又如学校特色节日，比如读书节、创造节等，让孩子在这些节日里读读传统美德的故事，体会亲情，培养亲情意识；或者是完成亲子走场馆、亲子小制作等作业，让孩子和家人一起遨游在知识的海洋中，开拓视野、锻炼能力，增强亲子间的情感。二是**趣味性**。爱因斯坦说，兴趣是最好的老师①。儿童只有对某一件事情感兴趣，他才会主动去做。因此，在设计专题类作业时，要遵循孩子喜欢玩乐的天性，设计具有趣味性的作业，激发儿童学习兴趣，通过剪剪画画、唱唱跳跳或者捶背揉肩、聊天交谈、外出游玩等符合孩子天性的作业

---

① 出自《爱因斯坦文集》，第三卷，商务印书馆，1979年第1版，第144页。

方式来完成,使儿童在玩乐中受到教育,得到成长。三是**多样性**。专题类作业可以和不同的学科整合,因此作业形式具有多样性,可以表现在行为上,也可以是在亲子互动中。同时,由于儿童经历不同、家庭情况不同、个人喜好不同等诸多因素,孩子可以根据自己的兴趣、需求、能力或生活经验,通过各种不同的形式来完成作业,作业呈现的成果必然是多样的。儿童在完成作业时能获得成功的喜悦,得到良好的情感体验。四是**延续性**。专题类作业可以将孩子课堂所学知识与现实生活实际联系起来,通过生活实践拉近家长和孩子心灵间的距离,提高儿童的综合素质,促进他们健康快速地发展,但如果偶尔为之,肯定达不到如期的效果。因此,有合适的契机就可以布置专题类作业,逐步过渡到即使老师不布置,孩子也会自己去做,养成一种习惯。

设计专题类作业的时候,依据儿童身心发展的基本规律,制定合理的目标,提出恰当的要求,让孩子在积极主动有趣的活动学习过程中,选择适合于自己的内容去完成。以下将详细阐述专题类作业的设计过程。

(一) 确立整体目标

专题类作业的设计首先要依据所结合课程的目标来设定作业整体目标,避免与孩子实际相脱离。整体目标的设定需基于学科课程标准或《中小学德育工作指南》或其他相关德育文件,根据教材内容、节日特点或学校的育人目标以及儿童情况设定目标。

(二) 设定活动板块

根据专题类作业的整体目标将作业细分为各个不同的板块,各个板块之间彼此有联系,前后承接,紧密联系,同时又层层递进。活动板块中可以有在家庭里开展的活动,也可以有走进社区的活动;既有当天完成的作业,也有需要一段时间完成的长作业,给孩子充分的时间去体验、实践。

(三) 充实具体内容

设定好板块之后,需根据儿童不同的年龄特点来布置形式多样的作业内容,让孩子既有兴趣去做,又在自己的能力范畴之内。专题类作业相较于其他作业更有助于培养孩子的学习兴趣,有利于促进儿童积极主动地思考、独立自主地创新。因此,作业内容不能太固定化,要给予孩子们充分发挥的空间。

(四)重视作业反馈

传统意义上的作业展现了儿童对知识的掌握情况,反映教师的教学效果。但是专题类作业没有对错之分,因此作业的反馈就容易被忽视,因此在设计作业时,就需考虑到作业反馈的形式,通过评价作业完成时的态度、效果等来帮助孩子养成良好的行为习惯。

接下来,我们以重阳节为例,设计专题类作业。通过主题明确、内容丰富、形式多样、吸引力强的教育活动和作业内容,以积极向上的力量激励儿童,促进其良好的思想品德和行为习惯的形成,增强对传统节日的体验感和文化感。

杨浦小学分校 2018 年重阳节活动方案

活动目标:

"百善孝为先"是中华民族的传统美德。作为炎黄子孙,自然应当继承传统、弘扬传统。为引导孩子们孝敬父母、孝敬长辈、学会感恩,树立良好的家庭美德观念,增强少年儿童的社会责任感,学校在重阳节之际,开展亲情教育系列活动。活动从校内延伸校外,从重阳节当天延续到期末,让孩子们通过完成亲情作业的同时,懂得孝亲敬老不仅仅在重阳节的时候,更要将感恩家人行动落实在日常生活的每一天。

活动主题:

爱满杨分,念亲恩

活动及作业内容:

活动板块	作业目标	作业内容	作业反馈
亲情观察 亲情感受 升旗仪式 "孝亲敬老, 爱在重阳"	通过升旗仪式准备的过程,让孩子仔细观察、认真发现家人对自己的爱,继而通过升旗仪式让全校的孩子都能去观察、感受这份浓浓的亲情。	在中队辅导员的指导下,组织一次升旗仪式。升旗手通过自己的观察去发现家人对自己的关心,如每天早晨家人用心准备的早餐、生病时家人无微不至的呵护、失败时柔声细语的鼓励等。特别是祖辈们退休后还在为儿孙做出自己的贡献,他们逐渐苍老的脸庞、日渐增加的白发、慢慢变得粗糙的双手,是最好的见证。观察之后可以讲讲自己的感受或者自己是如何去孝敬长辈的。升旗手也可以讲讲孝亲敬老传统美德的故事,激发全体队员的情感。	班主任老师做好指导和排练工作,向全校进行展示。
亲情沟通 亲情表达 主题班会 "真心话儿 对您说"	通过主题班会,说说自己和父母之间的故事,同学之间互相学习,然后制作亲情卡片送给家人,表达自己的情感。	先了解父母长辈的生日、兴趣爱好、工作情况等。了解自己小时候的故事,体会家人在孩子成长过程中的良苦用心,在沟通中积累情感。将自己想要对父母、祖辈说的祝福语或最想表达的话语写在爱心卡上,送给他们,表达对他们的感恩之心。	班主任老师组织好班会,并进行指导,让孩子们能充分说出自己的感受,后续搜集好作业和送爱心卡给家人的照片。
亲情延伸 亲情祝福 绘制明信片 "小小明信 片,浓浓敬 老情"	从关爱自己的亲人延伸到关爱他人,通过制作特别的明信片,向学校的退休教师表达祝福和感恩之情。	在定制的"小溪流景观群"明信片背面,孩子们用自己的笔进行写写画画,表达对老教师的祝福,感谢他们对学校所做出的贡献。	班主任挑选自己班级有绘画特长、喜爱画画的孩子进行创作,汇总到大队部,在升旗仪式上送给来校参加活动的退休教师。

活动板块	作业目标	作业内容	作业反馈
亲情延伸 亲情展示 街道敬老活动"祝福你的生日"	这也是一个从关爱自己的亲人延伸到关爱他人的作业，通过参加活动展示自己的才艺，为老人带来欢乐，同时在活动中感受全社会对老人的关爱。	走进社区，参加大桥街道敬老月90岁以上老人集体庆生日活动，通过为老人表演民乐小组合《喜洋洋》和歌曲《小小少年》，展示自己的才艺，表达自己的祝福之情。同时在活动中感受全社会对老人的浓浓关爱之情。	老师用照片和文字记录下队员们活动中的精彩表现，汇总后进行微信公众号的推送。
亲情体验 亲情回报 认真记录 "孝亲感恩每一天"	通过一段时间的认真记录，感受家人对自己的爱，自己要用具体行动来回报家人，感受到关爱家人是落实在平时的一言一行、一举一动中，应该从小事做起，从现在做起。	认真阅读承诺书，签上自己的名字，努力去做，付诸于行动，实实在在为父母做一些自己力所能及的事情，作为对父母养育之恩的点滴回报。用写一写、画一画等形式，记录下来。	各班班主任老师定期进行检查反馈，及时表扬能坚持的孩子，并以此作为学期末评选"小溪流孝亲之星"的依据。

从上述的案例中，我们可以看到，学校通过升旗仪式、班会课、社会实践等开展内容丰富、形式多样的活动，给予孩子亲情的体验，并设计专题类作业，鼓励孩子们积极参与、人人行动，用真心和真情关爱家人，关心身边的老人。形式多样、富有实效的重阳节系列活动，从目标的设定、板块的设计、内容的安排，再到作业的反馈，通过实实在在的具体行动，营造了敬老、助老的校园氛围，弘扬了中华民族的传统美德，唤起了孩子们尊老、爱老的责任之心。

专题类作业在学校围绕某一个教育专题开展了相关活动后，设计相对应的作业，让孩子们在具体的生活实践体验中学会自主、自理、自护，懂得感恩、感谢、感动，收获成长的快乐。这样的作业激励儿童要在平时的一言一行中，从小事做起，亲身体验社会和家庭生活，感恩社会，感恩父母，接受锻炼，增长才干，用实际行动践行 24 字社会主义核心价值观。

三、专题类作业的实践与思考

专题类作业在设计以社会现实为背景，以儿童生活为基础，以生活性、体验性、情感性为原则来进行作业设计，考虑到不同年龄儿童的身心发展规律，个性差异和接受能力，关注儿童社会性发展需求。在作业实践过程中，我们发现需从以下几个方面进行思考。

（一）对于儿童个人发展的意义

专题类作业是学校教育的延续，通过给儿童布置"作业"，通过潜移默化的教育方式来帮助孩子们扣好人生第一粒扣子，做一个有道德的人。就拿亲情作业来说，作业是形式多样的，可以是给家人递上一杯茶，可以是给家人捶捶背、聊聊天，可以向家人学做小家务，扫扫地、洗洗碗、叠叠衣服，也可以是陪家人一起散步、买菜……同时，这一类作业也可以延伸到敬老院、社区等，为老人们表演一个自己拿手的小节目，和老人们聊聊天，听老人们说说过去的故事……让孩子在完成作业的过程中，培养自己的动手能力，学会做小家务的技巧；展示自己的才艺，树立自信心；意识到亲情的可贵，在学习之余更应该关心家人，关心身边的人。孩子们从这些点滴小事中，学会做人的道理，培养良好的品行，并由心中有父母推及到心中有他人、心中有师长、心中有祖国，成为有责任感的人，从而促进孩子全面地发展。

（二）对于儿童家庭教育的意义

在《中小学德育工作指南①》中有关协同育人强调："要积极争取家庭、社会共同参与和支持学校德育工作，引导家长注重家庭、注重家教、注重家风，营造积极向上的良好社会氛围。"家庭教育是学校教育的基础，也是学校教育的补充。专题类作业是孩子在家庭中进行，需要家校之间形成一致，缺乏任何一方的努力，都会导致作业的走样和变异。只有家校一起携手，利用生活化的场景、常态化的活动、形象化的载体，将"德"植入家庭生活中，才能取得最佳效果。

1. 提升家长开展家庭教育的能力

现实中可能会出现这样的情况，偶尔一次的专题类作业，家长和孩子会觉得有新鲜感，家长可能会鼓励孩子去做。然而，对孩子的教育是一个长期而艰巨的过程，这应该是一份长期的作业，是融入生活方方面面的，家长和孩子都需要有正确的判断力、有毅力去坚持完成。这需要教师在其中起关键作用，经常利用班会课、午会课或是家长会、班级群进行反馈，及时提醒家长在家庭中做好督促作用，同时也可以与家长进行个别沟通，指导家长怎样去做。教师要让家长知道首先应该提升自身道德修养，处处为儿童做表率；其次可以指导家长结合身边的道德榜样和通俗易懂的道德故事，培养儿童良好的道德行为习惯；同时要创设健康和谐的家庭氛围，与学校、社会形成合力，净化家庭和社会文化环境。

2. 促进家庭成员间关系融洽

俗话说，三岁看大，七岁看老。低年级是道德教育非常重要的阶段，要让孩子从小就了解中华民族的传统美德。比如当学校开展了亲情教育，布置了专题类作业。家长可以以此为契机，和孩子一起商量，请他分担家里的一些事情，培养他们的责任感。父母要给孩子体验、感受亲情的机会，通过实践去培养真正的孝心，去触及孩子的内心。久而久之，孩子的亲情意识、孝心会在其身上扎根。作为父母，自己对祖辈的孝心也会直接影响到孩子。因此，为人父母也要注意自己的言行举止，做好孩子的榜样，让道德的种子播撒在孩子心里。专题类作业不止于孩子受益，家长也有收获。家校联动将促进学校与家长、孩子与父母之间的沟通，使孩子感受到温馨和谐的家庭氛围。

---

① 教育部关于印发《中小学德育工作指南》的通知（教基〔2017〕8号）

（三） 对于家校社联动的意义

对于学校教育来说，要设计专题类作业，教育者首先要更新自己的教育观念[①]，要重视这项作业。我们要切实担负起既教书又育人的双重责任，不仅要关注儿童的文化成绩，还要关注他们的人格养成教育；不仅要关注孩子的生理健康，还要关注他们的心理健康和道德健康。

家庭是社会中最基本的细胞，孩子是家庭中的重要成员，温馨和睦的家庭越多，我们的社会就越美好。作为学校，可以通过家长学校、学校的微信公众号等途径进行家庭教育指导，让一个个小家庭越来越和谐美好。整个社会更要为专题类作业创造良好的环境，公共绿地、社区图书馆、公共体育馆等场所越多，孩子和家长亲子互动活动的空间就越多。学校也可以联合社区开展有益于家庭和睦、促进人际关系和谐和儿童成长的各种活动，为儿童健康成长创造良好的人文氛围，让专题类作业更具有开放性。因此，专题类作业需要家庭教育、学校教育、社会教育互相配合、携手合作。

总之，专题类作业是一个既新颖而又传统的话题，它以儿童发展为本，兼顾基础知识巩固与能力发展，是一种能让孩子获得体验感悟、塑造健全人格的作业，是长知识、塑品德、增智慧的作业。

（撰稿者：宣殷琴）

---

① 郭建耀，闫祯. 小学生亲情教育现状及其强化亲情教育的措施[J]. 现代中小学教育，2011(04)：9—12.

第十四章

想象类作业： 挖掘儿童的创作潜能

　　想象类作业是以想象力和创造力为设计依据,蕴含了儿童的审美、情感、个性、价值观等诸多元素,可以充分反映教学的效果,是提升课程意义的重要内容。想象类作业可以引导儿童开阔思维、创新创造,在奇思妙想中展现自我,挖掘儿童的创作潜能,促进儿童的全面发展,促使儿童核心素养的培养。

想象类作业是儿童反映和认识世界、表达对世界美好憧憬的重要作业形式。想象类作业包含意向、直感、想象等要素，培养儿童的情感表达、联想、想象力及创造性思维，有利于激发儿童的思维活动，培养儿童思维的敏捷性和独创性。想象类作业让作业的形式更加丰富多彩，通过作业记录下儿童每个时刻的灵感。作业内容更具有活力与新意，激励个性化发展。

一、想象类作业的理念价值

想象类作业的实践过程是一个享受、有趣、放飞思想的美妙体验，想象类作业是基于教学内容、教学目标、学情设计作业内容和要求，创设一种自由的思考氛围，以多元化的教学形式激发儿童的想象欲望，以层层递进式的设计流程推进作业的展开，从而引导儿童自主学习，表达心中所想，开拓儿童的想象空间。

想象是创新的基础，社会的发展、时代的进步、产品的更新等都离不开创新，培养孩子的想象力是创造未来发展家园的根基与助力器。想象类作业是在感悟知识、掌握技能的基础上，根据不同的教学内容，创设相对应的情境，营造一种想象的氛围，在特定情境下吸引学生的注意力，提升学习兴趣，从中获取快乐的体验；再通过丰富多变的内容设计，为孩子们的思维插上想象的翅膀，其教学价值体现在以下三点。

（一）拓宽思维

"好奇心是学者的第一美德"，想象类作业设计中充分发挥儿童具有强烈好奇心这一特性，激发儿童的创新性和发散性思维，根据教学的需要创设的作业环节，过程中充分挖掘各类资源，进行思索性学习，有助于开阔学生的眼界、无限地扩大思维的宽度与广度,为想象力和创造力的形成与发展提供了必要条件。大千世界妙不可言,儿童通过多种途径收集相关资料,秉持着对事物的好奇心,从不同的角度思考,发现一些儿童视角下的新新元素,使作业内容更加新颖。

（二）自主想象

教育家夸美纽斯曾说:"兴趣是学习动机中最现实、最活跃的成分。"想象类作业设计抓住儿童求新、求趣的特点,从而更好地引导和促进儿童在多元情境中进行自主性学习,这样大大提高了儿童的学习效率,儿童思维运转更高速。儿童主动投入其中,自主想象,在愉悦、随意的环境中,会带来意外的惊喜。我们基于教材教法、教学目标、学习活动创设不同的情境设计想象类作业,为儿童实践活动、想象创造提供了更广阔的平台,每一个情境中的环节层层递进,儿童逐步融入在当下的情境中,身临其境,产生一定的情感反应,一个情境一种体验,一个情境叙写一个故事,使每一节课都具有新鲜感和趣味性,儿童的学习兴趣就会一直处于一个保鲜期。

（三）张扬个性

单一的作业形式会让学生产生一种疲劳感,感觉枯燥、乏味,统一的材料会束缚儿童的创作灵感,久而久之会阻碍想象力的发挥,以及个性的发展,封闭了儿童的思想。想象类作业通过优化作业的形式,选取多样化的环节与方法,鼓舞儿童大胆表现,启发儿童,引发思考,"有一千个读者,就有一千个哈姆雷特",千篇一律的事物呆板又没有新意,很容易形成固定性思维。因此从不同角度挖掘儿童的无限潜能,在想象构思的过程中表达自己的意图、思想和情感,不再拘泥于一寸之地,才能使每一位学生的个性得以张扬。

二、想象类作业的创新设计

想象类作业是以想象为关键要素,依据课程的教学目标和教学内容,运用多种方法与形式,开展相对应的作业环节,并基于学情,调整教学策略,充分发挥儿童的想象力,培养儿童的思维能力,最大程度地开发儿童的想象潜能。为凸显想象类作业的效应,我们在设计过程中需要遵循以下设计要则:一是**自主性**。想象类作业是要从儿童的角度出发,了解儿童的想法与需求,设计适合的作业内容,引导儿童自主学习,儿童吸收知识,获取方法与技能,自我内化,将创造性的构思与想象注入作业中,以此表达自己的内心世界,让作业成为孩子们自由发挥的想象胜地,从中体会到想象创作的快乐,使儿童思维的独特性与灵动性得以发展,有利于儿童自主精神的培养。二是**层次性**。想象类作业要具有递进式的层次性,由易到难,由简到繁,环环相扣,作业内容呈现一个阶梯式,一点点渗透、引入,前一课的作业设计是为后面的作业创作打下良好的基础和铺垫,教师要注重每一环节的引导,更便于儿童学习内容的掌握,使孩子们产生成就感,建立自信心,儿童乐于学习,乐于表达,形成舒适的想象圈,为学生后续的学习与发展做铺垫。三是**多样性**。想象类作业形式是灵活多样的,教师要利用多样化的资源,设计多样、有趣、具有实效性的作业形式,并运用丰富的制作方法,帮助儿童观察、发现,让儿童能够多角度思考,带着自己独特的感受投入到想象创作中,引导他们大胆探索、实践,使儿童思维更加活跃,激发他们想象创作的积极性,为儿童提供充裕的自由想象空间,使其学科核心素养得到提升和发展。

  基于以上设计原则,通过教材分析,梳理整合教学内容和要求,通过分析学情,明确教学重点与难点,设定作业目标,设计作业方案,明确作业的形式,在作业实施后,分析反思,找寻作业设计中的闪光点以及不足之处,优化作业内容与形式,激发儿童学习兴趣与热情,提高作业的针对性和有效性,进行更加细化的作业设计,使作品更具有创造性和个性。

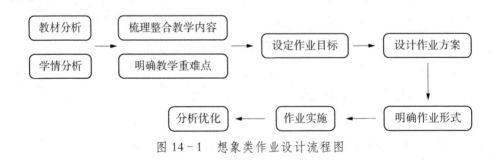

图 14-1　想象类作业设计流程图

  上图是想象类作业设计的基本思路。整个流程中,以"课程标准"及"教学基本要求"为依据,明确想象类作业设计的目的,根据儿童实际情况,对作业内容进行组织,结合关键内容进行设计,作业每个环节体现递进关系,循序渐进地引导儿童思考,启发儿童开放性思维,提高作业设计效益。

下文具体阐述以书画版二年级美术《我的飞行梦》为例,具体阐述想象类作业的设计方法和设计要则。

(一)分析教材内容,明确目标

想象类作业是在教材内容、活动、评价、资源等方面的基础上进行目标的设定和方案的制定,通过对教材的细化分析,实现作业目标和作业设计环节的最优化,是作业设计的重要内容,也是作业实施的主要方法。教师要深入理解和钻研教学大纲,充分领会教材的编写意图,熟悉教材的内容,了解教材各个部分知识结构体系和前后单元、课时等之间的联系,根据教学目的、内容和教学原则结合学情,优化处理教材,突出重点、抓住关键、解决难点,从而明确目标,有的放矢,更好地设计针对性的作业内容、多样化的作业形式等。如二年级第二学期第四单元《我的飞行梦》,教师指导儿童了解热气球、直升机等各种飞行器的外形特征以及功能,创设"天空""太空"两个场景,以热气球、直升机、外星基地三大主题为教学内容,引导学生用想象的手法,在画纸上表达自己的飞行梦,旨在激发儿童创作飞行主题的兴趣,以及对蓝天和宇宙的向往。其中《我喜欢的直升机》这一课的教学目标是:学生了解直升机的不同类型、用途,知道直升机的基本结构;学会用基本形组合的方法线描表现一架喜欢的直升机,并添加独特的功能,从中体验绘制直升机的乐趣,逐步提高想象与表现飞行主题画的能力。

(二)设计作业内容,创设情境

在把握教学内容、明确要求后,教师可以在作业设置上选择合适、有趣、儿童熟悉的情境,使儿童在一个特定的大环境下,获得启发,有自己特有的收获,同时思维更加发散,形成良好的求知心理,给作业内容增添了勃勃生机。如第二课《我喜欢的直升机》,教师与孩子们一起走进"直升机博物馆",指导孩子设计造型多变、具有独特功能的未来的直升机,要求他们结合直升机的功能画出想象中的故事或场景,并在未来展厅中展览,孩子们争先恐后的想要展示、介绍自己喜爱的直升机,热情度很高,作业内容围绕教学内容和教学目标展开,丰富又多彩,使儿童倍感新奇,调动了他们想象的积极性。

(三)创新作业形式,启发想象

多样的作业形式会让儿童有更多的自由空间进行想象、创造活动,儿童思维碰撞,点燃想象的火花,作品更具有想象性表达。《我喜欢的直升机》这一单元中运用绘画、拼贴、组合等方法,去联想、去想象,通过功能添加、场景设计、基地创造等多种形式为指引,儿童表达自己的创作想法,作品更具有小小艺术家与众不同的个性与特点,其中线条的组合、色彩的变化、肌理的营造都会启发儿童无限的创作灵感,让作品更具有韵味与活力,展现了孩子们特有的幻想。

教师依据课程标准的要求,根据教学目标和主要活动内容的特点,确定想象类业设计的目标,从中提炼出核心目标和核心内容,结合教学重点,在准确把握学情的基础上设计作业方案,鼓励儿童"异想天开"、大胆尝试;关注儿童作业中的精彩生成,珍惜孩子们的童真童趣,架起一座名为"想象"的桥梁,提高儿童的想象力。

案例 14-1

九年制义务教育课本上海书画出版社美术二年级第二学期
我的飞行梦——我喜欢的直升机

表 14-1　想象类作业设计流程表

1. 交流	说说直升机的样式
2. 观察	找出直升机的主要组成部分
3. 绘制	基本形概括直升机的各个部分
4. 拼图	变换直升机的造型
5. 添画	为直升机添加独特的功能

	直升机博物馆——未来展厅作品介绍
6. 展示	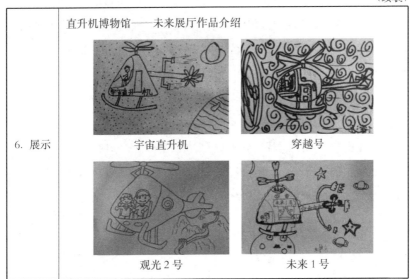 宇宙直升机　　　　　　　穿越号 观光 2 号　　　　　　　未来 1 号

表 14-2　想象类作业设计表

我喜欢的直升机			
名称	造型	功能	场景

　　本例中想象类作业设计注重儿童的想象力。孩子们对这个世界充满了无限的遐想,并将自己最美好的想法置入直升机的创作设计中,赋予直升机美观的造型和独特的功能,为了能更好地、有序地、高效地进行美术教学,教师设计了六个环节——交流、观察、绘制、拼图、添画、展示,每一环节层层递进,前一个内容的学习为后面一个内容的设定做铺垫,多种不同的引导形式,帮助儿童一步步完成对直升机的设计,培养儿童的观察、学习、创造能力。直升机是儿童熟悉和喜爱的一种交通工具,在本课的学习中,希望儿童在绘画中感受直升机的造型美,并通过创作活动提升想象与创意表现能力。通过作业流程和表格形式,教师着重引导

学生观察与讨论，了解直升机的构造等，自主创想神秘而又奇特的直升机，创作表现自己喜欢的直升机造型；创设"博物馆"场景，让儿童置身于展馆内，把自己脑海中的想法释放出来，用自己的方式去表现直升机的独特之处，通过对直升机的想象设计，在想象构思的过程中表达自己的创作意图、思想和情感，展示自己对美好世界的向往与追求，表达自己的想法与需求，这些灵感是无法模仿，无法替代的；最后通过作品展览为儿童提供一个展现自我的舞台，儿童乐于分享自己的创作想法，想要将作品列入展厅之中的激动心情，而儿童作品的集中展出会充满视觉冲击力，建立创作自信，激发学习热情。

三、想象类作业的体系优化

想象类作业是儿童融合所学的知识与技能，展示自己的平台。以儿童为主体，注重儿童发展，通过想象类作业的设计，孩子们愈来愈富有想象力和创造力，思维也愈来愈敏捷，优化作业设计能够调动儿童的学习积极性，提高儿童的学科素养，对儿童的成长与各方面能力发展有着极其重要的作用。

（一）丰富儿童经验

想象类作业与儿童的经验背景和独特感受息息相关，丰富的知识和生活经验，是想象类作业优化的重要因素，能为思维的创新与发散打下基础，孩子们的创造很多来自对自然、生活的捕捉、体验与观察，他们从中抓住发现的元素与灵感，以作业的形式表达自己的感想，在奇幻的想象世界中创作出具有生命力和感染力的作品。鲁迅说："孩子是可敬佩的，他常想到星月以上的境界，想到地面下的情形，想到花卉的用处，想到昆虫的语言；他想飞到天空，他想潜入蚁穴。"儿童强烈的好奇心和求知欲会引领着他们去探索、去发现生活中的独特之处、细节内容，教师要充分调动儿童的积极性，开发出儿童各种奇妙想法，有想法、有创新才能推动进步与发展,因而需要不断完善想象类作业体系。

（二）教师鼓舞引导

爱因斯坦认为:"想象比知识更重要。"因知识是有限的,而想象力概括着世界的一切,推动着进步,并且是知识进化的源泉①。可见想象类作业的完善是一件意义重大的事情,想象类作业是儿童思维发展的催化剂,但并不是所有的孩子都能想象如泉涌,有些儿童的作业中造型次次相似,拘泥于一种形式,不会灵活变通,缺乏自己的思考与表达,长久如此会扼杀个性的发展、想象力的发挥,此时,教师应当引导他们感悟、学习,鼓舞儿童大胆、自然地表达真实的想法,捕捉儿童想法中的闪光点,提取元素,有针对性、有目的性地推动儿童思考、运用,鼓励孩子更加勇敢的讲述出自己内心五彩缤纷的世界,展现自我,建立信心,激发儿童的想象动力,提升想象类作业的效果。

（三）师生共同成长

想象类作业具有生长性、生命性,在想象类作业的实践中,教师要不断提升自己的专业素养和教学能力,开阔视野、丰富教育形式与方法、更新知识体库。还要不断完善教学的深度与广度,勇于尝试新的作业形式,创设生动有趣的教学情境,引发儿童的奇思妙想,让其具备与时俱进的创新素养。青少年是祖国的未来民族的期望,我们应当培养儿童想象力,激发儿童学习热情,引导孩子在获取知识与技能的同时快乐学习,提升学习的效率和积极性,提高与拓展儿童的综合素养,更好地促进儿童全面发展。

（撰稿者：高博琳）

---

① 胡月丽.想象——美术活动中的主旋律[J].科学大众(科学教育),2017(04)：106.

后记

　　正是桂花飘香、秋意渐浓的季节,我们的作业变革研究成果也即将出版。回首过去三年,在区域建设"上海市基础教育创新实验区"和构建"创智课堂"战略的引领下,我们课题组力求将作业研究作为聚焦孩子创新素养培育,实现学习创新、教学创新、学习环境创新的抓手,努力通过基于校情、生情、师情的草根化研究与实践,逐步开发有效、多样、有利于提升孩子思维品质的作业内容。我们希望通过作业实施,引导孩子带着问题学习、作业;在作业过程中学会寻觅问题与问题、条件与条件、问题与条件的内在联系;做作业的过程能成为孩子个性化表达和表现的过程……

　　三年来,我们孜孜以求,从作业观的改变到作业的不断创新、优化,到一个个鲜活教育教学案例的收集……不知不觉,我们经历了一场毛毛虫蜕变为蝴蝶的过程。我们欣喜地看到,在作业变革研究的撬动下,老师们的知识观、儿童观、学习观、评价观都在朝着符合核心素养引领的教育变革的方向发展。学生乐学善学、老师乐教善育,在作业变革研究中形成的、具有"杨分"特色的"成长性课堂文化"已经成为全校教师的愿景和行动方向。办学品质的逐步提升,既让我们为三年来的付出感到欣慰,也使我们更加明晰学校肩负的责任和使命!

　　作业变革的背后,是教师知识观、儿童观、学习观、评价观的一次更新,是对作业这一古老形式重新赋予新的生命和意义。作业不是孤立的存在,而是整个课堂教学的一种手段和载体。转向作业变革研究的背后,是我们对学校崇高育人价值的深度思考,对儿童有意义学习发生和迁移规律的真正尊重。

　　作业变革是一门大学问。我们将更加精诚合作、锐意探索,让孩子们经历一种更有质量的学习生活,让老师们走一条更有获得感的专业发展之路!

马燕婷　胡靓瑛

2020 年 10 月 16 日

学校整体课程规划的七个关键	978 - 7 - 5760 - 0424 - 3	62.00	2021 年 3 月
课堂教学的 30 个微技术	978 - 7 - 5760 - 1043 - 5	52.00	2020 年 12 月
教学诠释学	978 - 7 - 5760 - 0394 - 9	42.00	2020 年 9 月
原点教学:提升区域育人质量的策略研究			
	978 - 7 - 5760 - 0212 - 6	56.00	2020 年 8 月

学校课程发展精品丛书

学科课程群与全经验学习	978 - 7 - 5760 - 0583 - 7	48.00	2021 年 1 月
育人目标与课程逻辑	978 - 7 - 5760 - 0640 - 7	52.00	2021 年 2 月
学科课程与深度学习	978 - 7 - 5760 - 0505 - 9	52.00	2021 年 2 月
学校课程的文化表情:百花园课程的学科指向与深度实施			
	978 - 7 - 5760 - 0677 - 3	38.00	2021 年 2 月
学校文化与课程变革	978 - 7 - 5760 - 0544 - 8	62.00	2021 年 2 月
语文天生重要:语文学科课程群设计			
	978 - 7 - 5760 - 0655 - 1	44.00	2021 年 2 月
五育并举的课程体系:致良知课程的旨趣与探索			
	978 - 7 - 5760 - 0692 - 6	48.00	2021 年 1 月
学科课程与育人质量	978 - 7 - 5760 - 0654 - 4	48.00	2021 年 1 月
在地文化与课程图谱	978 - 7 - 5760 - 0718 - 3	46.00	2021 年 2 月
中观课程设计与学科课程发展	978 - 7 - 5760 - 0624 - 7	36.00	2021 年 1 月
大教学:英语学科核心素养培育的课程模式			
	978 - 7 - 5760 - 0462 - 5	46.00	2021 年 1 月

特色学校聚焦丛书

不一样的生命,一样的精彩	978 - 7 - 5675 - 8675 - 8	34.00	2019 年 3 月

童味正醇：特色学校的文化图谱	978 - 7 - 5675 - 8944 - 5	39.00	2019 年 8 月
特色普通高中课程建设探索	978 - 7 - 5675 - 9574 - 3	34.00	2019 年 10 月
儿童是天生的探索者：360°科学启蒙教育	978 - 7 - 5675 - 9273 - 5	36.00	2020 年 2 月
做精神灿烂的教师：教师自我成长的 5 个密码	978 - 7 - 5760 - 0367 - 3	34.00	2020 年 7 月
让教育温暖而芬芳	978 - 7 - 5760 - 0537 - 0	36.00	2020 年 9 月
快乐教育与内涵生长	978 - 7 - 5760 - 0517 - 2	46.00	2020 年 12 月
故事教育与儿童发展	978 - 7 - 5760 - 0671 - 1	39.00	2021 年 1 月
美好教育：学校内涵发展的循证研究	978 - 7 - 5760 - 0866 - 1	34.00	2021 年 3 月
把美好种进儿童心田	978 - 7 - 5760 - 0535 - 6	36.00	2021 年 3 月

跨学科课程丛书

大情境课程：主题设计与创意评价	978 - 7 - 5760 - 0210 - 2	44.00	2020 年 5 月
社会参与素养的培育模型与干预机制	978 - 7 - 5760 - 0211 - 9	36.00	2020 年 5 月
大概念课程：幼儿园特色主题活动设计	978 - 7 - 5760 - 0656 - 8	52.00	2020 年 8 月
项目学习：进入学科的课程智慧	978 - 7 - 5760 - 0578 - 3	38.00	2021 年 4 月

核心素养导向的课堂教学丛书

漾着诗性智慧的课堂教学	978 - 7 - 5675 - 9308 - 4	39.00	2019 年 7 月

转识成智的课堂教学:核心素养导向的历史教学

| | 978 - 7 - 5760 - 0164 - 8 | 40.00 | 2020 年 5 月 |

学导式教学:学会学习的教学范式

| | 978 - 7 - 5760 - 0278 - 2 | 42.00 | 2020 年 7 月 |

| 高阶思维教学的关键技术 | 978 - 7 - 5760 - 0526 - 4 | 42.00 | 2021 年 1 月 |

会呼吸的语文课:有氧语文的旨趣与实践

| | 978 - 7 - 5760 - 1312 - 2 | 42.00 | 2021 年 5 月 |

高阶思维教学的核心指向	978 - 7 - 5760 - 1518 - 8	38.00	2021 年 7 月
磁性课堂:劳动技术课就这样上	978 - 7 - 5760 - 1528 - 7	42.00	2021 年 7 月
核心素养导向的作业设计	978 - 7 - 5760 - 1609 - 3	40.00	2021 年 8 月

特色课程建设丛书

| 教师,生长的课程 | 978 - 7 - 5760 - 0609 - 4 | 34.00 | 2020 年 12 月 |
| 学校课程发展的实践范式 | 978 - 7 - 5760 - 0717 - 6 | 46.00 | 2020 年 12 月 |

丰富学习经历:如歌式课程的愿景与深度

| | 978 - 7 - 5760 - 0785 - 5 | 42.00 | 2020 年 12 月 |

| 学科课程群设计方法 | 978 - 7 - 5760 - 0579 - 0 | 44.00 | 2021 年 3 月 |

学校美育课程的立体建构:菁华园课程的逻辑与框架

| | 978 - 7 - 5760 - 0610 - 0 | 36.00 | 2021 年 3 月 |

| 关键学习素养与学科课程设计 | 978 - 7 - 5760 - 1208 - 8 | 34.00 | 2021 年 4 月 |

学校课程设计:愿景建构与深度实施

| | 978 - 7 - 5760 - 1429 - 7 | 52.00 | 2021 年 4 月 |

| 生长性课程:看见儿童生长的力量 | 978 - 7 - 5760 - 1430 - 3 | 52.00 | 2021 年 4 月 |
| "慧阅读"课程:儿童视角 | 978 - 7 - 5760 - 1608 - 6 | 42.00 | 2021 年 6 月 |

诗意栖居的课程愿景:智慧岛课程的逻辑与深度

| | 978 - 7 - 5760 - 1431 - 0 | 44.00 | 2021 年 7 月 |